Guten Tag.

Ich bin EX-Fallmanager (Integrationsfachkraft) im jobcenter (SGB II) und habe zuvor auch einige Jahre in einem Sozialamt (BSHG) als Sozialfachkraft gearbeitet.
In jungen Jahre war ich allerdings auch selbst schon arbeitslos und habe seinerzeit eine Arbeitslosen - Initiative mitbegründet.
Seit Jahren bin ich nun scharfer Hartz IV - Kritiker.
Ich habe Bücher zum Thema herausgegeben und biete meine kostenfreie Beteiligung an Informationsveranstaltungen, Vorträgen, Podiumsdiskussionen, Kundgebungen usw. an.
Sollten Sie in konstruktiver Weise auf eine dieser Ressourcen zurückgreifen wollen oder Auskünfte von mir wünschen: melden Sie sich gern bei mir!

Dieses Buch wurde 2018 zusammen gestellt und wird möglichst preiswert abgegeben. Eventuelle Gewinne werden an Erwerbslosen-Initiativen gespendet.

Es vereinigt einige der beliebtesten Blogbeiträge von mir, welche auch die höchsten Zugriffszahlen erzielten.
Inhaltliche Doppelungen sind daher teilweise nicht auszuschließen.
Es sind Beiträge aus den Jahren 2018, 2017, 2016 und 2014 vertreten.
Hinsichtlich neuerer Entwicklungen / Änderungen recherchieren Sie bitte unbedingt auch eigenständig.

Mit freundlichen und solidarischen Grüßen
Burkhard Tomm-Bub, M. A.
2018

Ma(h)lt sich in diesem Kopf die Welt

Malt sie sich, mahlt er sie in sich ... ? #Der Blog für alles Andere. Auch für aktuelle "Hartz IV - Termine / Themen". Der ältere "BukTomBlog" war für Second Life - Themen gedacht, einer Welt in der virtual reality (VR), bzw. für die Darstellung deutschsprachiger kultureller wohltätiger Aspekte dort. Alle anderen Themen sind nun hier. Alles, was sich ansonsten malt & mahlt.

Mittwoch, 11. April 2018

Die Wissenschaft hat festgestellt ... dass Coca-Cola Schnaps enthält! Hartz IV HURRA

#HartzIV #Sanktionen

Die Wissenschaft hat festgestellt ...
... dass Coca-Cola Schnaps enthält!

Ebenso "sinnvoll" und "wahr" wie dieser Kinderreim ist die Behauptung, die Sanktionen im Hartz IV (ALG II / Grundlage SGB II) hätten auch nur irgendeine positive Berechtigung oder Legitimation.

(Diese Kürzungen werden seit Anfang 2005 in Höhe von 10, 30, 60 und 100% auf das ExistenzMINIMUM durchgeführt.)

Welche Wissenschaften und Professionen lassen sich hier im Einzelnen aufführen?

PÄDAGOGIK
Die hier behandelten Geldstrafen in Form von Sanktionen lassen sich klar der "Schwarzen Pädagogik" zurechnen. Diese wird zudem gegenüber mündigen, erwachsenen Menschen ausgeübt. Kinder sind allerdings dennoch mitbetroffen und mitgeschädigt, wenn sie in den entsprechenden Familien ("Bedarfsgemeinschaften" genannt) leben.

Seit dem Jahr 2000 lautet der § 1631, BGB, Absatz 2 wie folgt:
„(2) Kinder haben ein Recht auf gewaltfreie Erziehung. Körperliche Bestrafungen, seelische Verletzungen und andere entwürdigende Maßnahmen sind unzulässig."
Für Erwachsene gilt dies anscheinend nicht.
"Schwarze Pädagogik" ist als Konzept und Methode überholt. Fest steht:
STRAFE:
- sagt NUR, was NICHT getan werden sollte
- gibt keinerlei Informationen, wie das Gewünschte besser getan werden könnte
- stört und zerstört das Vertrauensverhältnis
- gibt dem Gestraften das Gefühl der Ohnmacht
- ... und mindert sein Selbstbewusstsein
- wirkt NUR, solange der Strafende "hinguckt"
- erzeugt ein Rachebedürfnis
- führt bestenfalls zum erzwungenen, unmotivierten Gehorsam
- verhindert Einsicht und Eigenmotivation
- etc.
Richtig ist: Strafe gibt es in der Gesellschaft. Für Kriminelle. Da ist dann aber auch noch der Faktor "Schutz der Gesellschaft" mit enthalten. Zu argumentieren, der "nicht mitwirkende" ALG II - Empfänger handle gegenüber der Gesellschaft kriminell - ist absolut unsinnig.
P.S.:
Übrigens - ein Fakt am Rande.
Es liegen jetzt Untersuchung vor, dass die Gruppe der erwerbslosen Menschen im Durchschnitt eine zumindest leicht überdurchschnittliche Arbeitsmotivation hat, gegenüber den anderen Bevölkerungsgruppen ...!

PSYCHOLOGIE
Es ist leicht einsichtig, dass die Behandlung als Kind, als "zu erziehendes Objekt", als Täter und / oder Versager negative psychische Effekte bei den Bürgerinnen und Bürgern hervor bringt. Eine Minderung des Selbstwertgefühls, der Eigenmotivation, des Selbstvertrauens, etc. sind übliche Folgen. Zorn, Wut und Hass können im Laufe der Zeit entstehen und die Persönlichkeit prägen. Psychischer Erkrankungen werden hervor gerufen oder verstärkt, darunter Suchtkrankheiten, Depressionen, Suizidalität.

MEDIZIN
Psychische Erkrankungen kosten Geld. Das der Krankenkassen, mithin aller Beitragszahler*innen. Ebenso ist es auch bei körperlichen Erkrankungen, die oft hiermit verzahnt sind. Eine nicht gesunde Ernährung und ggf. auch mangelnde Hygiene verstärken diesen Effekt. Der Regelsatz ist ohnehin niedrig, wird er nochmals reduziert oder gar ganz gestrichen, ergeben sich entsprechende negative Folgen im Gesundheitsbereich also quasi zwingend.

ÖKONOMIE / VOLKSWIRTSCHAFT

Sanktionen sparen Geld? Mag sein. Volkswirtschaftlich gesehen jedoch wenn überhaupt, dann deutlich weniger, als man denken könnte.

Sanktionsgründe müssen festgestellt, dokumentiert und die Sanktion durch die Integrationsfachkraft ausgesprochen werden. Eine Anhörung ist durch den richtenden Sachbearbeiter vorzunehmen. Der Leistungssachbearbeiter muß die Sanktion ein- und später wieder ausbuchen.

Selbst bei der heutigen, scharfen Gesetzgebung haben noch ca. 40% der Widersprüche und Klagen vor dem Sozialgericht Erfolg, da die Sanktion zu Unrecht erfolgte!

Hier entsteht also Maschinenlaufzeit (EDV, etc.), Portokosten, Materialverbrauch. Gravierender: Arbeitszeit von Integrationsfachkräften, Leistungssachbearbeitern, Mitarbeitenden der Widerspruchsstelle, Justizbeamten und Richtern muss in hohem Maße investiert werden.

Die finanziellen Einbußen der Gesellschaft durch sich verschlechternde Gesundheit wurde bereits erwähnt. Hinzu kommt noch ein Anwachsen von Verzweiflungstaten und Kleinkriminalität, aus der Not geboren.

Oft vergessen und von manchen zu Unrecht nicht ernst genommen ist folgende Tatsache: auch ALG II - Leistungsberechtigte zahlen Steuern. Nämlich die Mehrwertsteuer. Anders als finanziell besser gestellte Personengruppen, MUSS der "Hartzler" sein Geld sofort ausgeben, kann es anhand der geringen Höhe nicht sparen, anlegen oder im Ausland in "Steueroasen" deponieren. Auf Waren und Dienstleistungen wird stets Mehrwertsteuer erhoben. Geld das also augenblicklich zurückfließt in diverse staatliche Kassen. Bei Kürzungen oder Streichungen des ALG II entsprechend weniger, bis hin zu "Null".

Sanktionen verringern demzufolge auch die Binnen-Nachfrage. Die ALG II - Sanktionen produzieren auch Obdachlose. Diese gelten in Einkaufsstrassen, u.ä. als nicht kaufmotivierend. Zudem haben diese ein Anrecht auf ein geringes, tägliches "Durchwanderergeld", wenn sie es schaffen persönlich vorzusprechen. Speziell im Winter, sind sie des Nachts zu beherbergen, oder in Notunterkünfte einzuweisen. Auch dies sind Kostenfaktoren.

Untersuchungen zeigen, dass Sanktionen selten, und wenn dann nur sehr kurzfristige Wirkungen in Richtung "Arbeitsaufnahme" zeitigen. Häufig sind das dann auch Stellen, die gesundheitsschädlich und so schlecht bezahlt sind, dass der Betreffende es auch damit nicht schafft, zeitweise "ganz heraus zu kommen" aus dem ALG II (Aufstocker).

LOGIK

Ziel und Aufgabe der Arbeitsagenturen und jobcenter ist die Besetzung freier Stellen mit möglichst passenden Arbeitnehmer*innen. Dies soll möglichst nachhaltig geschehen. Es steht außer Zweifel, das aus eigenem Antrieb motivierte Menschen wesentlich besser, zuverlässiger und nachhaltiger diesen

Zweck erfüllen können und auch wirklich erfüllen.

Bei Menschen die körperlich, geistig und seelisch in der Lage dazu sind, können aktuelle fachspezifische Qualifikationsmaßnahmen zum Erfolg beitragen.

Diese müssen aber passgenau sein und die Betreffenden sollten auch hierbei von sich aus motiviert sein teilzunehmen.

Zwang und Sanktionen stellen exakt das Gegenteil dessen dar.

Sehr wichtig in diesem Zusammenhang: das Verhältnis Offene Stellen : verfügbare Erwerbslose.

Denn dieses schwankt seit etlichen Jahren zwischen 1 : 5 bis maximal 1 : 3!

Dies sind übrigens die offiziellen, bereits "schöngerechneten" Zahlen der BA selbst.

Gibt es Offene Stellen die nicht gemeldet wurden: Ja. Aber es gibt auch solche, die mehrfach gemeldet werden, gern z.b. von Zeitarbeitsfirmen. Und: es gibt auch verfügbare Erwerbslose, die aus Unkenntnis, Unvermögen oder Scham kein ALG II beantragt haben. Und dennoch Arbeit suchen.

Sehr negative Schätzungen hinsichtlich des Anteils "ernsthaft unwilliger und fauler" Erwerbsloser liegen bei ca. 15% der ALG II - Berechtigten. Es ist festzustellen, dass selbst dieser Prozentsatz nicht ausreicht. Wünschenswert wäre ein viel höherer!

Wenn für jede Offene Stelle vier verfügbare Erwerbslose bereit stehen: ist es ein zwingendes Gebot der Logik, sich auf eben DIE zu konzentrieren, die offenkundig motiviert sind, diese zu bestärken und ggf. ergänzend zu qualifizieren.

NICHT logisch ist es aber, sich den möglicherweise oder offenkundig nicht motivierten Personen mit Strafen und Sanktionen zu nähern!

Es gibt schlicht nicht mehr genug gesellschaftlich als solche definierte „Arbeit" für JedeN.

Das muß akzeptiert und im praktischen Handeln berücksichtigt werden.

VERWALTUNGSWISSENSCHAFT

Verwaltung soll das jeweils vorgegebene Ziel möglichst effektiv, effizient und korrekt erfüllen.

Wie vor dem Gesetz, sind auch vor der Verwaltung alle Menschen gleich an Rechten und Pflichten.

Entscheidungen haben sich auf Gesetze und Verwaltungsanordnungen zu stützen, auf nichts sonst.

Nur. Ist das so? KÖNNEN Sie das in diesen Fällen überhaupt?

Jemand ist durch Sanktionen zu strafen, wenn er "nicht mitwirken WILL".

Aber:

Wie prüft man "Willen"? Gar nicht. Das ist nicht annähernd zuverlässig möglich. Sagen muss jeder, dass er mitwirken will: die Ehrlichkeit dessen ist aber nicht beweisbar. Wie denn auch. Wirklich bestraft werden nur die etwas "Dummen", oder die in akuten Krisen. Die machen dann schon mal Fehler, die einen aus Unvermögen, die anderen letztlich ebenso unverschuldet.

Clevere Betrüger gibt es. Obwohl maximal 416,- Euro minus

Stromkosten ja eigentlich nicht WIRKLICH einen großen Aufwand lohnen ...

Diese Menschen gibt es in JEDEM Sozialsystem. Dafür brauchten wir kein neues, welches in der Tat ALLE drangsaliert, gängelt und unwürdig behandelt.

Ein Cleverer wird nie zu spät zu einer Vorstellung kommen. Aber ganz knapp in der Zeit. Er wird eher desinteressiert schauen. Seine erste eigene Frage wird nach dem Gehalt sein. Seine Kleidung wird nicht zerlumpt sein - aber auch nicht wirklich weit davon entfernt. Vorstellungsgespräch wahrgenommen. Stelle nicht bekommen. Keine Sanktion. ... Ich denke, es ist klar, was gemeint ist.

Noch einmal: das können wir mit dem SGB II / den Sanktionen nicht verhindern. Das konnten wir vorher mit dem BSHG nicht verhindern. Könnte man das überhaupt? Vielleicht. Aber der Preis wäre VIEL zu hoch. Arbeitslager und Co. lassen grüßen. "Heil Irgendwer!!". Wir kennen das...

Möchte das jemand?

"Wollen" und "Können" eines anderen Menschen - das ist für einen wirklichen und gut qualifizierten Fallmanager wie mich halbwegs (!) sicher zu unterscheiden. Nach etlicher Zeit und so einigen Gesprächen. Versprochen waren uns 2004 "ca. 75 zu beratende Menschen". So war es auch konzipiert und strukturiert. Aufgehört habe ich mit 436 "Kunden".

Gut, manche Kolleg*innen haben ja auch nur 300 "Kunden" oder ähnlich. Aber: qualifizierte jobcenter - Mitarbeiter*innen gibt es immer weniger. Berufsanfänger, solche mit Zeitverträgen, Quereinsteiger, halbtags beschäftigte mit vager Aussicht auf Vollzeit, u.ä. Und es zählt vor Ort: die Statistik! Nichts sonst. Gar nichts!

Und noch ein Satz: "Nicht-Wollen - schließt Nicht-Können nicht aus!" Nur auf letzteres kommt es aber an. BA und jc sind KEINE "moralischen Anstalten", Gesinnungen und Meinungen können und dürfen nicht mit empfindlichen Geldstrafen belegt werden. Heißt: wenn ich für jemanden der vor mir steht kein Angebot habe, das er auch ausführen kann: ist es völlig egal, ob er mir ins Gesicht sagt, er WOLLE dieses und jenes ja auch gar nicht. Ich hoffe, das war jetzt nicht zu kompliziert. Es hat, wie gesagt, mit Regeln, Recht und Gesetz zu tun!

ETHIK / MORAL

Der ALG II-Regelsatz ist sehr knapp bemessen. Dass er zum Nachteil der Menschen nicht korrekt berechnet wurde, konstatieren nicht wenige Fachorganisationen.

Dieser Regelsatz wurde gesetzlich als "ExistenzMINIMUM" definiert. Es widerspricht jeglicher Ethik und Moral, dieses Minimum durch einfache Sachbearbeiter*innen um 10 - 100% kürzen zu lassen. Dies möglich zu machen, zu dulden und anzuordnen, ist ein vorsätzlich unethisches und unmoralisches Verhalten. Nichts sonst.

Am 01.01.2005 gab es keine graduelle Variation / Verschärfung der Gesetzgebung in Hinsicht auf ALG / ALHI / SH. Das SGB II war ein kompletter Paradigmenwechsel. Der Sozialstaat wurde in dem Punkt de facto abgeschafft. Es werden hier sehr tiefe Ebenen berührt. Das

Menschenbild.

Ist es ethisch vertretbar, Menschen in elementarer Not Hilfe zu verweigern, wenn sie einem nicht willfährig sind?

Ist es in Ordnung und moralisch zulässig, an einem MINIMUM gravierende Abstriche zu machen, bei nicht bewiesenem und nicht strikt belegtem Wohlverhalten?

Akteur ist hier der Staat. Also der Diener der Bevölkerung. Wie sieht es da mit seiner Fürsorgepflicht aus? Wie sieht es mit dem Vertrag zwischen ihm und den Bürger*innen aus? Wird dieser durch solch ein Handeln nicht unterminiert, beschädigt, geschändet?

RECHTSWISSENSCHAFT / JURISPRUDENZ

+ Die Verfassungsmäßigkeit der Hartz IV - Sanktionen wird seit Jahren von Betroffenen und Fachorganisationen angezweifelt. Eine Verfassungsklage ist jedoch wesentlich schwieriger und vor allem langwieriger, als man sich vorstellt. Es gibt mittlerweile einen zweiten ernsthaften Versuch, soweit vorzudringen. Eine Entscheidung wird etwa um 2018 / 2019 herum erhofft.

+ jobcenter stellen in D in gewisser Weise eine "Sonderrechts-Zone" dar. Etwas, das es eigentlich nicht geben dürfte. Der einfache Sachbearbeiter ist Ankläger, Richter und Vollstrecker in einem. Geldstrafen aber darf eigentlich nur ein Gericht aussprechen. Zudem sind diese Geldstrafen hier nicht selten existenzgefährdend.

+ Selbst bei der heutigen, scharfen Gesetzgebung, haben noch ca. 40% der Widersprüche und Klagen vor dem Sozialgericht Erfolg! Falls es nicht klar ist, was das wirklich heißt: in fast der Hälfte der Fälle wurden Fehler gemacht, wurden "Kunden" Leistungen vorenthalten, Recht falsch angewandt, Sanktionen zu Unrecht verhängt!

Falls Sie in Arbeit sind: könnten SIE sich dort eine Fehlerquote von 40% erlauben?

Und hier geht es um die Schicksale von Menschen! Um ihr Überleben zum Teil.

+ Ist dies alles Recht? Entspricht dies alles dem Geist des Grundgesetzes, dem Geist der Sozial-Gesetzgebung? Nein. Das tut es nicht!

GERECHTIGKEIT(SEMPFINDEN)

Recht und Gerechtigkeit / Gerechtigkeitsempfinden sind nicht immer dasselbe.

Allzu oft hört man auch von sonst intelligenten und sozial eingestellten Menschen Sätze wie:

"Da muss man halt auch mal einen Job annehmen, der einem nicht so gefällt!"

"Ich muß doch schließlich auch jeden Tag etwas leisten ...!" (= Gern von Selbstständigen!)

Oder: "Wenn ich einen besser bezahlten Job will, muss ich halt etwas dafür tun!"

Zu einigen Aspekten dieser Fragestellungen muss hier nichts mehr wiederholt werden. Es ergibt sich klar aus den Schilderungen weiter oben!

Zum letzten der drei Zitate eben, antwortete ich kürzlich jemandem folgendes:

Zitat:

"Wenn ich einen besser bezahlten Job will, muss ich halt etwas dafür tun."

Ah ja. Das sagen Sie mal einem, der gesundheitlich nur noch drei Stunden täglich leichte Arbeit verrichten kann und darf. Das sagen Sie mal der jungen Witwe oder verlassenen Frau mit zwei Kindern. Das sagen Sie bitte auch Menschen über 55 Jahren, deren Firma sich ins Ausland verlegt hat, oder Pleite ging. Das sagen sie motivierten Flüchtlingen, die dann nach einiger Zeit arbeiten dürfen und müssen, deren Abschlüsse im Ausland aber nicht anerkannt werden, oder denen diese Unterlagen verloren gingen, auf der Flucht. Und bei denen auch noch Sprachprobleme nicht völlig kompensiert sind. Sagen Sie es Menschen in schweren sozialen Krisen, vom schlagenden Ehemann terrorisierten Frauen, den nahen Angehörigen von Schwerstalkoholikern, sagen Sie es pflegenden Angehörigen langsam sterbender Verwandter. Und einigen anderen. Gehen Sie hin, hin zu diesen, Ihren Mitmenschen. Sagen Sie es, brüllen Sie es Ihnen ins Gesicht: "Ihr müßt halt was dafür tun!!" Und - möglichst NOCH lauter: "JEDER IST DOCH SEINES GLÜCKES SCHMIED!!!"

...

Ist diese Art von Gerechtigkeit ein wünschenswerter Zustand für unser glorreiches Land? Für einen Sozialstaat? Für ein reiches Land?

Ich sage absolut: NEIN!

Und bin damit fernab der Betrachtung des Menschen als "Ersatzteil" für die Industrie, fernab der puren Spekulationen hochgestellter Theoretiker am "grünen Tisch", fernab eines abstrakten Gerechtigkeitsbegriffes, der sich in der Praxis in sein pures Gegenteil verkehrt!

STAATS-RÄSON

"Der Begriff der Staatsräson ... bedeutet das Streben nach Sicherheit und Selbstbehauptung des Staates mit beliebigen Mitteln. ... Die Idee der Staatsräson ... sieht den Staat als mindestens ebenbürtig zu, wenn nicht höherwertig gegenüber einem Menschen an, so dass es nach dieser Philosophie im Falle von Konflikten zu Entscheidungen kommen kann, die den abstrakten Staat bevorteilen, konkrete Menschen aber benachteiligen." (wiki)

Gemeint ist hier schlicht folgendes: war der Staat eventuell GEZWUNGEN, die Sozialgesetzgebung Anfang 2005 in derart gravierender Form zu beschneiden? War seine (materielle) Existenz in großer Gefahr, war es vielleicht ökonomisch unausweichlich? Wie man aus allen Quellen entnehmen kann, ist die wirtschaftliche Lage heute keineswegs schlecht.

Aber auch 2004 war sie das nicht wirklich. WENN man alle Gegebenheiten berücksichtigt.

Einige Beispiele:

+ D stand und steht hinsichtlich aller materiellen und wirtschaftlichen Parameter hoch in den Top Ten, von über 200 Staaten auf der Welt (Platz 5 - 6).

+ D leistet sich in vielen, unterschiedlichen Bereichen enormen Luxus (Gebäudeprojekte, Manager, Steuerflüchtlinge, Rüstung, etc.).

+ Steuern für Reiche und Superreiche werden seit etlichen Jahren immer wieder abgesenkt.

+ Der Spitzensteuersatz sank in den Jahren seit Helmut Kohl ebenso immer weiter ab.

Speziell in den jobcentern:

+ ... werden Unsummen in groteske, praxisferne EDV - und Controlling - Systeme investiert und hiermit schier aberwitzige Dokumentationspflichten für die Mitarbeiter*innen verknüpft.

+ Wird willfährig den Ansprüchen der Maßnahmeträger - Lobby nachgegeben.

+ Werden auch reine „Mitnahme - Prämien" bei Einstellungen für Firmen als geeignetes Instrument der „Hilfe" angesehen und „verordnet".

Die Liste ist - leider - fortführbar ...

::::::::::::::::::::::::::::

Hartz IV muß weg.
Nieder mit den Sanktionen!

Burkhard Tomm-Bub, M.A.

- Magister Artium der Erziehungswissenschaft
(NF:Psychologie/Soziologie) -
- Diplom-Sozialarbeiter (FH) -
- Staatlich anerkannter Erzieher -
- Ehrenamtlicher Suchtkrankenhelfer -
- Ehrenamtlicher Flüchtlingshelfer -
- Hartz IV-Aktivist -

HARTZ IV

GEBOTE des Widerstandes!

I. Wahre Deine Rechte, verschenke nichts!

II. Prüfe vor der Antragstellung Dein Schonvermögen, zahle alte Schulden, lege an in langlebige Wirtschaftsgüter, ändere Deine Vorsorgeverträge.

III. Unterschreibe keine Aufhebungsverträge und gibt Deine Notlage schnellstmöglich bekannt.

IV. Nimm einen Beistand und alle Unterlagen mit und beachte die Fristen. Gibt die Unterlagen beweisbar in Kopie ab. Protokolliere alle Gespräche exakt, gebe notfalls Versicherungen an Eides Statt ab.

V. Kalter Zorn, statt blinde Wut! Beschwere Dich bei Gesprächen mit der Teamleitung, durch Petitionen, Widersprüche, Schreiben an Teamleitung, Fachbereichsleitung, Geschäftsführung, Regionaldirektion und Nürnberg, sowie durch Klage beim Sozialgericht. Nutze Beratungsstellen.

VI. Bei Maßnahmen und 1,- Euro-Jobs prüfe vor Ort die Einhaltung aller gesetzlichen Bestimmungen (WCs, Lizenzen für PCs, Platzbedarf, Sicherheit, usw.). Melde die Mängel schriftlich (persönlich oder anonym) beim Fallmanager, GEZ, BG, VGB, usw.

VII. Leiste auch AKTIVEN Widerstand, zusammen oder mit Hilfe anderer Menschen. Es gibt Beratungsstellen, Verwandte, Freunde und (Vereins-)Bekannte, ExkollegInnen, andere Betroffen (kennen lernen, ansprechen!), Verbündete im Internet, Pfarrer, Pastor, Imam, Arzt / Ärztin und einige mehr.

VIII. Gehe an die Öffentlichkeit.
Sei sorgsam und professionell dabei, lasse Dir ggf. von anderen Menschen dabei helfen. Leserbriefe / Mails an (über)regionale Zeitungen / Illustrierte, an (über)regionale Radio- und Fernsehstationen plus OK, Leserbriefe / Mails an PolitikerInnen (regional/überregional), BürgerInnensprechstunden bei regionalen PolitikerInnen, Internetseiten, -Gruppen & Foren (auch eigene) und youtube, Online-Petitionen, Mailaktionen allgemein, Teilnahme an Kundgebungen / Aktionen / Demos (auch selbst anmelden), flashmobs, Sitzstreiks, Flugblätter All das sind Möglichkeiten! Überlege Dir gern weitere ... :-)

IX. Bleibe Dir stets bewußt, dass Du ein Mensch mit gleichen Rechten, gleicher Würde und gleichem Wert bist, wie jeder Sachbearbeiter, Politiker und Gesetzgeber. Der Staat ist der Diener der Menschen. Nicht umgekehrt!

X. Tue es!   V.i.S.d.P. S.Toren-Bell'57013 La'* nghia1@h-online.de

....
....

ANHANG

Exkurs zu
"Sanktionsgründe":

Es sind Akademiker unter den ALG II - Leistungsberechtigten, ehemals erfolgreiche Selbstständige, Menschen mit Meisterbrief, Menschen mit Jahrzehnten Berufserfahrung, Menschen, die unverschuldet nie eine objektive Chance hatten, viele soziale, engagierte Menschen mit hohem Anstand und / oder hoher Kreativität. Schicksalsschläge, Firma pleite, Firma ins Ausland verlegt. Zu alt, zu krank. Abgeschrieben, weggeworfen ...

Bei keineswegs wenigen Fällen liegt es aber leider auch völlig auf der Hand, dass diese Menschen nie mehr eine echte Chance auf dem "richtigen Arbeitsmarkt" haben werden. Sei es wegen Alter, Krankheit, fehlender Intelligenz, Ausbildung und Berufserfahrung, oft auch einer Kombination aus mehreren dieser Faktoren. Auch andere Vermittlungshemmnisse können hinein spielen. Ein älterer Herr, noch gar nicht so lange in D, motiviert aber mit noch geringen Sprachkenntnissen. Bis er soweit ist, B1, B2 oder besser spricht: ist er endgültig zu alt. Da nutzt auch die noch nicht anerkannte Qualifikation aus dem Herkunftsland nichts mehr.

"3 Stunden leichte Arbeit täglich theoretisch möglich" - ansonsten gibt es KEINE Zugangskriterien für "Hartz IV" ...

SANKTIONSGRÜNDE
Einige Beispiele:
+ Nichterscheinen zum Gesprächs - Termin.

Diese Termine dienen in aller Regel nur dem Nachweis der "Kontaktdichte" für den Sachbearbeiter. Versendet werden die Einladungen mit normaler (!) Post. Manchmal werde bei solchen Terminen auch (meist sinnfreie) Maßnahmen angeordnet.

+ Nichtantreten oder schuldhafter Abbruch einer Maßnahme. Hierzu gehören auch PC-Anfängerkurse für EDV-Experten mit Abschluß, das dritte Bewerbungstraining in Folge, Spaziergangskurse, individuell völlig unpassende Qualifizierungen, Massnahmen ein halbes Jahr vor Renteneintritt (Grundsicherung), überfordernde Kurse, UNTERfordernde Kurse, uvm. Auch wirklich Schwarze Schafe, mit unzumutbaren Bedingungen gibt es genug (ich spreche aus Erfahrung!). Eingekauft wird derlei vom praxisfernen "Einkaufszentrum" der jobcenter, zeitlich ist der Zuweisungsrahmen oft arg knapp und das einzige Ziel ist es, dass die Menschen in diesem Zeitraum aus der Arbeitslosenstatistik verschwinden.

+ Nicht- (rechtzeitige) Vorlage von Unterlagen. Bekanntlich muß man sich ja vollständig "nackig machen", hinsichtlich jedweder Einnahme, "Vermögen", Zuwendungen, etc. Und das nicht nur einmal am Anfang, sondern immer wieder. Läuft da etwas schief (ich kann ja nur vorlegen, was ich auch habe, und es gibt ja auch tatsächlich Menschen, die einmal etwas verlieren): Sanktion!

+ Vorlage von zu wenigen Bewerbungen (egal wie sinnlos, egal, ob man sich im Monat vorher schon überall beworben hatte). Für die wenigen "cleveren Betrüger" leicht zu umgehen (Kopierer), stellt dies für resigniert - depressive, für verzweifelt - zornige und für etwas unbedarfte Menschen oft genug ein Problem dar. Die Folge ist immer gleich: Sanktion!

+ Unerlaubte OAW (Ortsabwesenheit).
Der auf vorherigen Antrag mögliche "Urlaubsanspruch" für ALG II - Leistungsberechtigte beträgt 21 Kalendertage (gesetzlicher Urlaub sonst: 24 Tage). Er ist nicht übertragbar ins nächste Jahr. Sonder"urlaube", z.b. bei Todesfällen von Verwandten sind nicht vorgesehen. Die Genehmigung ist im Gutdünken des Sachbearbeiters. Erklärt dieser, er habe in dem Zeitraum mit dem Betroffenen etwas vor: kann er den Antrag ablehnen. Egal wie sinnvoll das ist.
Wer da also "überzieht", oder vergißt die drei Tage bei Tante Elfriede zwei Orte weiter zu beantragen: Sanktion!
... Soweit einige Beispiele für unser "glorreiches", in Wahrheit sinnlos gängelndes, unwürdiges und auch absolut nicht effektives System.

Die Opfer sind zu Tätern gemacht worden. Das ist falsch, das ist frech, das ist extrem ungerecht!
Muss man diese Menschen zusätzlich demütigen? Offensichtlich leider ja. Und das muß ein Ende haben!

Früher, bis Ende 2004, gab es ALG I und ALHI. Das waren in der Tat Versicherungsleistungen.
Und dann gab es noch die Sozialhilfe.
An Stelle dessen trat mit Beginn 2005 das ALG II (volkstümlich: Hartz IV), auf Grundlage des neuen SGB II, welches das BSHG (und das ALHI) ersetzte.
Waren früher individuelle Kürzungen um 25%, maximal 30% möglich, geht es heute bis zu 100%, und dies mit "standardisierter Laufdauer".
Theoretisch kann man dann Lebensmittelgutscheine beantragen, in geringer Höhe.
+ Wenn nicht (")vergessen(") wird, einen darüber aufzuklären.

+ Wenn man körperlich, geistig, seelisch in der Lage ist, das zu verstehen und zu tun.

+ Mit denen man nicht alles und nicht in jedem Geschäft kaufen kann.

+ Die "BG" (Bedarfsgemeinschaft) ist mitbetroffen, die Diskriminierung und Stigmatisierung in der Öffentlichkeit ist unerträglich.

Zu Beginn 2005 wurde der Sozialstaat in diesem Punkt abgeschafft. Es reicht im sechstreichsten Land der Erde (von ca. 200) NICHT mehr, in Not und bedürftig zu sein. Man muss auch Gehorsam zeigen, egal wie "sinnvoll" die jeweiligen Anweisungen sind ...

BTB

....
....

P.S.:

"Ex-Fallmanger im jobcenter gegen Hartz IV - Ein Angebot

Sehr geehrte Damen und Herren,
erfreulicherweise ist zur Zeit Hartz IV (ALG II), respektive das Zweite Sozialgesetzbuch (SGB II) wieder in der öffentlichen Diskussion.
Ich bin Ex-Fallmanager (Integrationsfachkraft) im jobcenter und habe zuvor einige Jahre in einem Sozialamt (BSHG) als Sozialfachkraft gearbeitet.
In jungen Jahre war ich allerdings auch selbst schon arbeitslos und habe seinerzeit eine Arbeitslosen-Initiative mitbegründet.
Seit Jahren bin ich nun scharfer Hartz IV - Kritiker.
Ich habe Bücher zum Thema herausgegeben und biete meine kostenfreie Beteiligung an Informationsveranstaltungen, Vorträgen, Podiumsdiskussionen, Kundgebungen usw. an.
Sollten Sie in konstruktiver Weise auf diese Ressourcen zurückgreifen wollen oder Auskünfte von mir wünschen: melden Sie sich gern bei mir!
Mit freundlichen Grüßen

Burkhard Tomm-Bub, M. A. ...

BEISPIELE:

http://handbuchwiderstandgegenhartzvier.blogspot.de/
http://kopfmahlen.blogspot.de/2016/02/bericht-hartziv-saarbruecken.html
https://www.youtube.com/watch?v=k65H95NOTJE&list=PLICyWqGYXNoCyHmfjj3FnuGxQixqN0dGe&index=15

Nachtrag:

Keine Kommentare:

Kommentar veröffentlichen

Links zu diesem Post

Link erstellen

Startseite   Älterer Post

Abonnieren Kommentare zum Post (Atom)

Blick ins Buch

https://smile.amazon.de/dp/3745043715/ref=smi_www_rco2_go_smi_1279607027?_encoding=UTF8&%2AVersion%2A=1&%2Aentries%2A=0&ie=UTF8

Labels (Links zu allen jeweiligen Posts, nicht alle wurden aber gelabelt)

#AfD (15) #BloggerFuerFluechtlinge (25) #DieterNuhr (1) #Nuhr (1) #Nuhrnfzierung (1) #ruhrinieren (1) #vong (2) 50Cent (3) Abschiebungen (1) Abstrakt (3) Afghanistan (1) AgR (6) Alerta (19) ALEX (1) ALEXA (1) Alexanderplatz (1) ALGII (13) Anarchie (2) Anarchismus (2) Anarchistische Buchmesse Mannheim 2017 (2) Andrea Kersten (1) Andrea Nahles (5) Ängste (1) Anna Seghers (1) Ansichtskarten (1) Antifa (6) Antifaschismus (16) Antikapitalismus (2) Arbeitslosigkeit (7) Arbeitsministerium (3) Arge (7) Arno Hetlich (1) Astronomie (1) Atheisten (1) AufRecht bestehen (2) Aufstehen gegen Rassismus (3) August Wilhelm Hofmann (1) AUS (1) Ausstellungen (1) BA (7) BE DEUTSCH (1) Bedingungsloses Grundeinkommen (2) Benigne myalgische Enzephalomyelitis (1) Berlin (21) Bernd Riexinger (1) Bertold Brecht (1) Bertolt Brecht (1) BGE (1) BILD (1) BILD-Zeitung (1) Bloch (1) blockupy (5) Blockupy 2016 (1) Bowie (1) Brandenburger Tor (1) Buch (2) Buchmesse (4) Bundesrat (2) Bundestag (2) Buschwerk (1) Butterwegge (1) Café Wild West (1) Camp (2) CETA (1) CFS (1) charity (4) Christentum (1) Christoph Wilhelm Hufeland (1) Christopher Street Day (1) Chroma depth (1) Chronisches Müdigkeitssyndrom (1) Comic (1) CSD (1) CSU (1) Cyberspace (1) Dankbar (7) Darkoarts (1) darklaus (2) Dath (1) David Bowie (1) DB (1) DDR (1) detundervellwilde (1) Demoverbot (1) Detlef Scheele (1) Deutsch (1) Deutsche Bahn (1) Deutsche Bahn AG (1) Deutscher Dom (1) DIE LINKE (3) DIE PARTEI (3) Dietmar Dath (1) Dirk Schnitz (1) Dramatiker (1) Drogenberatung (3) ECB (1) Eiffel (1) Einhart Klucke (1) Emanzipation (1) Erich Arendt (1) Ernst Bloch (1) Ernst Bloch Zentrum (1) Ertrinken (5) Erwerbslose (6) Esoterik (1) Eva Lohse (1) Existenzminimum (1) EZB (1) Fallmanager (10) fanboys (1) Fantasy (1) Faschismus (2) film 17 (1) Feminismus (1) Fernsehturm (1) Flüchtlinge (26) foodsharing (2) Forum (6) Fotografie (4) Fotomontage (1) Frankfurt (8) Frankfurter Buchmesse (1) Freie Bürger (1) Freie Meinungsäußerung (1) Frieden (6) friedlich (3) Fritz Teufel (1) G93.3 (1) Gedenkstätte (1) Gesetz (1) Gewalt gegen Frauen (2) givebox (2) Gleichberechtigung (1) Glossen (1) Gründsatz (2) Gruseln (1) H1 (1) H4 (9) Handpumpe (1) Hanns Eisler (1) Hartz IV (34) HartzIV (17) Hauptstadt (4) Haus des Lehrers (1) HAUSBOOT (3) Hegel (1) Heiner Geißler (1) Heinrich Alt (5) Heinrich Mann (1) Helmut Seethaler (3) Herbert Marcuse (1) Heroes (1) Hohenschönhausen (1) Homophobie (1) Horror (1) Hunger (7) IAB (1) IBF (1) ibims (1) Impressionen (1) Inge Hannemann (1) Intellektuelle (5) Interview (1) Ironie (2) Jan Böhmermann (1) jobcenter (19) Johann Gottlieb Schadow (1) Johann Gottlieb Fichte (1) Johannes Robert Becher (1) John Heartfield (1) Jubiläum (1) Jugendsprache (1) Junge Freiheit (1) Jutta Steinruck (5) Kaiserslautern (1) Kate Ahlin (2) Kinder (1) Kinder (1) Kommunarde (1) Kommune 1 (1) Kommunismus (1) Komponist (1) Kreativität (6) Krimi (1) Kultur (6) Kunst (15) Lange (1) Läuft bei Dir (1) Läuft bei mir (1) Leiharbeit (1) Leitkultur (1) Lesung (5) LINKE (4) linkes Komponistenpack (3) Linkliste (1) Literatur (1) Littelö (1) Loyalität (1) Ludwigshafen (34) Lyrik (6) Martin (1) Maischberger (1) Mazière (1) Maler (1) Malerei (1) Mannheim (46) Marcus Künster (1) Marienkirche (1) Marxismus (2) Max-Joseph-Strassenfest (1) Menschenrechte (1) Mesut Özil (1) MfS (1) Michael Kauth (1) Mittelschicht (1) Mordock (1) motz (1) Musik (2) Musiker (1) Nachtwandel (1) Nahles (2) Nahrungsmittel (4) National Zeitung (1) NAZIS (1) nicetomeetyou (1) Niedriglohnbereich (1) nosfd (8) ntmy (1) OB (2) OB Schnitz (2) OBR (2) occupy (4) OD (1) Öffentlicher Dienst (1) Oggersheim (1) one billion rising (2) PARTEI (1) Petition (2) Philosoph (2) Philosophenfriedhof (9) Planetarium (1) Poetry slam (1) politische Fotomontage (1) Postvirales Müdigkeitssyndrom (1) Protest (5) Pumpe (1) Qualifikation (1) Quantenphysik (1) Radio (1) Radio Corax (1) RANT (2) Rassismus (1) Räumung (1) Recht (1)

Ma(h)lt sich in diesem Kopf die Welt

Malt sie sich, mahlt er sie in sich. ? =Der Blog für alles Andere. Auch für aktuelle "Hartz IV - Termine / Themen". Der ältere "BukTomBlog" war für Second Life - Themen gedacht, einer Welt in der virtual reality (VR), bzw. für die Darstellung deutschsprachiger kultureller /wohltätiger Aspekte dort. Alle anderen Themen sind nun hier. Alles, was sich ansonsten malt & mahlt.

Sonntag, 12. März 2017

Gegen Hartz IV - der Bericht

Gegen Hartz IV - der Bericht

So war es angekündigt:

http://kopfmahlen.blogspot.de/2017/02/gegen-hartz-iv-aber-wie-infos-vom.html

TT2
68161 Mannheim, T 2, 16

"Gegen Hartz IV! Aber wie?
- Infos vom Insider -
Hier wird keine juristische Fallberatung angeboten, auch um die
fatale historisch - politische Entwicklung seit dem Jahre 2004 wird es
weniger gehen.
Geboten aber werden praktische Hinweise und Tipps, wie man den
Mühlen des Gesetzes und der Bürokratie seine Rechte als Bürger*in
und Mensch entgegen setzen kann.
Nicht nur Betroffene, also ALG II - Leistungsberechtigte, oft
verächtlich "Hartzler" genannt, sind aber angesprochen.
Hartz IV betrifft jeden in unserem Lande. Direkt oder indirekt: massiv
in jedem Falle!
Wer über Vernunft verfügt, oder über ein Herz und ein Gewissen und
über Widerstand nachdenkt: ist herzlich eingeladen! (Beides zu
haben, ist selbstverständlich kein Hindernis.)
:-)
Der Referent, Burkhard Tomm-Bub, M.A. war früher einmal selbst
Arbeitsloser und Mitbegründer einer Arbeitslosen - Initiative (in Marl,
NRW). Später arbeitete er einige Jahre in einem Sozialamt, dann in
einem jobcenter. Seit längerer Zeit ist er nun Hartz IV - Aktivist.
Diese Veranstaltung soll keine Verkaufsveranstaltung für seine

entsprechenden Bücher sein, diese werden aber bereit gestellt.
Kostenlos gibt es eine gedruckte Zusammenfassung und - solange
der Vorrat reicht - eine CD - ROM mit beiden Büchern.
Eintritt frei!"

Karte Weg zum TT2:
http://tinyurl.com/zl6nk2d

Infos zum TT2:
http://kommunalinfo-mannheim.com/2016/12/01/tt2-erfolgreich-
eroeffnet/

Die Veranstaltung fand auch planmäßig am 10. März 2017, ab 19
Uhr im TT2 (T2, 16) in Mannheim statt.
Von einem besonders hohen Besucher*innen-Andrang konnte man
leider nicht sprechen und auch die Presse hatte, rein zufällig
selbstverständlich, leider keine Zeit.

Dennoch sind subjektiv und objektiv einige positive Aspekte zu
verbuchen.
Subjektiv sind dies banale Dinge wie die, dass ich mein Equipment
im Laufe der Vorbereitungen vervollständigt habe und auch
technisch-organisatorisch an diesem Abend im Griff hatte.

Ein besonderer Dank geht an Karlheinz Paskuda vom TT2, der mich
trotz eines vorausgehenden anstrengenden Tages bestens
unterstützte! Ein gleiches gilt für die helfenden Hände am

Büchertisch!

Neben weiteren Menschen war unter anderem der Hartz IV-
Spezialist der Mannheimer LINKEN anwesend, eine Drogenberatung
war vertreten, die Repräsentantin einer neuen Anwalts-Kanzlei mit
entsprechenden Schwerpunkten in Ludwigshafen, etc.
Hier fand sich Gelegenheit zu Diskussion und Vernetzung, dies ein
absolut positiver Faktor, wie ich meine!
Denn Überschneidungen zu anderen Feldern menschlicher Existenz
in denen Probleme auftreten können, sind im Bereich SGB II / ALG II
nicht selten. Ich denke hier an Suchtproblematiken, Flüchtlinge,
Beeinträchtigungen unterschiedlichster Art, etc.

Infos zur **LINKEN**:

http://www.dielinke-ma.de/service/sozialsprechstunde/

Zum Ablauf.
Dieser war folgendermaßen geplant und wurde auch so
durchgeführt.

****

*"+ Ich werde mich etwas vorstellen, um klar zu machen, dass und
warum ich zu diesem Thema kompetent etwas zu sagen habe.*

*+ Weiters werde ich noch einmal kurz klarmachen, warum Hartz IV
letztlich alle Menschen im Lande negativ betrifft.*

+ Ein kleiner Exkurs darüber, was sich ab 2005 grundlegend änderte

und warum Hartz IV unlogisch ist, schließt sich an.

+ Es wird die Gelegenheit zu Fragen geben.

....

*+ In einer Pause kann man sich mit kostenlosen Materialien versorgen (Zusammenfassung, CD-Rom mit Texten, etc.) und sich über Bücher anderer Autor*innen zum Thema Hartz IV informieren. Auch werden meine beiden Bücher zum Thema mitnehmbar sein. Ein (geringer) Spendenvorschlag dafür wird gemacht.*

+ Dann verlese ich "Die 10 Gebote". :-)
(Zusammenfassende Punkte für den Widerstand.)

+ Abschließend stelle ich kurz konkrete, reale Widerstandsaktionen gegen Hartz IV beispielhaft vor."

****

Stichworte zu den einzelnen Punkten:

+ Ich werde mich etwas vorstellen, um klar zu machen, dass und warum ich zu diesem Thema kompetent etwas zu sagen habe.

"Burkhard Tomm-Bub, M.A.
Staatlich anerkannter Erzieher. Diplom-Sozialarbeiter (FH). Magister Artium der Erziehungswissenschaft mit den Nebenfächern Psychologie und Soziologie. Ehrenamtlicher Suchtkrankenhelfer. Ehrenamtlicher Flüchtlingshelfer. Ex-Fallmanager im jobcenter. Zuvor Sozialfachkraft im Sozialamt (BSHG). Gehört KEINER Partei, Religion oder Sekte an."

...

+ Weiters werde ich noch einmal kurz klarmachen, warum Hartz IV letztlich alle Menschen im Lande negativ betrifft.

Hierzu wurde ein Videoclip gezeigt.

WIDERSTAND JETZT -gegen Hartz...

Auch in dieser Übersicht ist diese Feststellung belegt.

Von Hartz IV betroffen sind alle ALG II -
EmpfängerInnen und ihre Familien und Freunde.

Von Hartz IV indirekt, aber sehr massiv betroffen sind
alle NiedriglöhnerInnen.

Von Hartz IV indirekt, aber ebenso massiv betroffen ist
die Mittelschicht gleich doppelt. Einmal wird sie
dadurch in Angst gehalten, bei mangelndem Fleiß und
Wohlverhalten, nahezu bodenlos abzurutschen. Zum
anderen werden reichlich Steuergelder absolut sinnfrei,
unlogisch und inhuman verschleudert und pulverisiert.
Dies durch überbordende Bürokratie, einen monströsen
Überwachungsapparat hinsichtlich der Sanktionen,
sinnlose Geschenke an Firmen und Unternehmen, etc.
Dies alles bei einer Ausgangslage, die ganz anderes
fordern würde!

Von Hartz IV betroffen ist weiterhin jeder anständige
Mensch im Lande. Auch vor 2005 gab es Kontrollen
und Sanktionen. Doch diese hatten Grenzen.
Seit dem 01.01.205 ist es vollständig egal, wie
notleidend oder bedürftig ein Mensch ist. Hilfe steht
ihm allein deshalb NICHT mehr zu. Dagegen lässt sich
angehen.

...

**+ Ein kleiner Exkurs darüber, was sich ab 2005 grundlegend
änderte und warum Hartz IV unlogisch ist, schließt sich an.**

"Das Arbeitslosengeld II (ALG II) und die jobcenter basieren auf dem
Sozialgesetzbuch Nummer Zwei (SGB II) , welches in Deutschland
seit dem 01.01.2005 gültig ist und die Arbeitslosenhilfe (ALHI), sowie
das Bundessozialhilfegesetz (BSHG) ablöste.

Mit dem Wechsel vom BSHG zum SGB II, also zum ALG II, zu Hartz
IV fand Anfang 2005 in unserem Land etwas statt, was nicht etwa
eine graduelle Verschlechterung für viele Bevölkerungsteile war.
Nein, es war ein kompletter *Paradigmenwechsel*, zum Schlechteren
hin.
Worin bestand dieser?

Ganz einfach. Deutschland war bis Ende 2004 ein Sozialstaat.
Wer arm und bedürftig war: hatte DADURCH einen Anspruch auf
Hilfe.
Das ist vorbei.

Auch im alten BSHG gab es Kürzungen und Sanktionen, bei
mangelndem Wohlverhalten.
25 Prozent. In besonderen Fällen mal 30 %.

Dann war aber Schluss. Das "zum Lebensunterhalt unerlässliche"
blieb einem, es war garantiert.
Das war wahrlich nicht viel, dies nur einmal nebenbei bemerkt.

Das alles ist aber nun vorbei.
Es gibt Kürzungen von 10%. Von 30%. Von 60%. Und von
einhundert Prozent. Und danach: kommt nichts mehr, gar nichts.

Zu Not, Hunger, Krankheit, Bedürftigkeit - MUSS nun das aufgesagte
"Mantra" kommen, man sei arbeitswillig und "mitwirkungsbereit".
Zumeist in Form sinnloser Rituale und letztlich lächerlicher
"Rollenspiele" und es wird auch vom jobcenter regelmäßig geprüft
und getestet, ob es einem denn da auch ernst ist, damit.
Das aber ist UNWÜRDIG."

Zum Einwand "es gibt doch gar keine 100% Kürzungen, da gibt es
doch **Lebensmittelgutscheine**!" ist zu sagen:

"Laut Grundgesetz muss in jedem Falle das PHYSISCHE
Existenzminimum abgedeckt werden, so sagt es das
Bundesverfassungsgericht. Der Gesetzgeber und seine
ausführenden Organe hätten aber dabei (Stand seit 2010) einen
"Gestaltungsspielraum".
Diesen Anspruch sieht die Regierung gewährleistet. Dies durch die
Gewährung der Möglichkeit, Lebensmittelgutscheine in geringer
Höhe zu beantragen.
Das setzt aber in der Praxis bestimmte Dinge voraus:

a) Der Sachbearbeiter darf nicht (")vergessen(") über diese
Möglichkeit aufzuklären.
b) Der "Kunde" muß in der Lage sein, diese Erklärung
wahrzunehmen.
c) Der "Kunde" muß in der Lage sein, diese zu verstehen.
d) Der Kunde muss aktiv werden (können), um die bürokratischen
Hürden (aktive Antragstellung) zu überwinden.
Einschränkungen in den genannten Bereichen können durch
Herkunft, Sprachkenntnisse, Kulturfremdheit, geistige, intellektuelle,
seelische oder körperliche Krankheiten oder Behinderungen und
anderes mehr entstehen -und tun dies auch!

Weiter ist zu bedenken:
+ Die Mitbetroffenen in der BG (Bedarfsgemeinschaft) sind eigentlich
"unschuldig", leiden aber mit unter den materiellen
Einschränkungen. Dies sind ggf. Ehemann, Ehefrau, Kinder,
pflegebedürftige Angehörige im Haushalt, etc.
+ Geringe Höhe und eingeschränkte Art der Lebensmittelgutscheine
lassen eine tatsächliche Abdeckung des Existenzminimums als sehr
fraglich erscheinen.
+ Nicht zu vergessen ist, dass mehr als ein Drittel aller Widersprüche
und Klagen gegen Sanktionen erfolgreich sind: mithin diese
unrechtmäßig waren, selbst nach den heutigen, rigiden Gesetzen.
Selbst WENN man dem Gesetzgeber also in seiner Argumentation

folgen WÜRDE: wären alle Sanktionen per sofort auszusetzen, bis die oben genannten Probleme zumindest nahezu vollständig ausgeräumt und beseitigt wären.
Die aktuellen Zustände sind würdelos, unverantwortlich und nicht tragbar!"

Ebenfalls wurde auf das Missverhältnis Offene Stellen : verfügbare Erwerbslose hingewiesen.

Der Arbeitsmarkt im Januar 2017

Ausgewählte Arbeitsmarktgrößen im Vormonatsvergleich

Arbeitslose: +209.000 auf **2.777.000** (zum Vorjahresmonat: **-143.000**)

Unterbeschäftigung: +172.000 auf **3.730.000** (zum Vorjahresmonat: **+49.000**)

Beschäftigung (November 2016): **-41.000** auf **31.716.000** (zum Vorjahresmonat: **+332.000**)

Gemeldetes Stellenangebot: -11.000 auf **647.000** (zum Vorjahresmonat: **+66.000**)

Demnach stehen <u>EINER</u> Offenen Stelle

4,29

verfügbare Erwerbslose gegenüber!

Quelle:
https://statistik.arbeitsagentur.de/ am 22.02.2017

Weiterhin wurde festgestellt, dass Deutschland materiell ein sehr wohlhabendes Land ist, welches demnach auch von daher keinerlei Anlaß hat, seine erwerbslosen Bürger*innen unter materiellen Druck zu setzen.

"Einordnung von Deutschland

Bevölkerungsdichte 230 Einwohner pro km².
Einwohnerzahl: 82.175.684 (31. Dezember 2015)
Nach **Bevölkerungsdichte** auf Platz 18.
Quelle:
http://www.laenderdaten.de/bevoelkerung/einwohner.aspx
....
"Die Liste der Staaten der Erde führt die Länder der Erde auf. Die Liste umfasst 193 Staaten, die Mitglieder der Vereinten Nationen

(UNO) sind. Hinzu kommen 13 weitere Staaten, Nationen, Länder oder Territorien, bei denen die Staatseigenschaft umstritten ist oder die sich in freier Assoziierung zu anderen Staaten befinden."

Quelle:

https://de.wikipedia.org/wiki/Liste_der_Staaten_der_Erde

....

A)

Die Staaten sind hier nach dem **Bruttoinlandsprodukt** pro Kopf in Kaufkraftparität sortiert.

(Das bedeutet, dass die Wirtschaftsleistung eines Landes gleichmäßig auf seine Bewohner verteilt wurde und anschließend die Summe an die durchschnittliche globale Kaufkraft angepasst wurde. 1.000 Dollar in den USA haben schließlich einen ganz anderen Wert als 1.000 Dollar in Venezuela.)

2016:

18. Deutschland - 46.166 Dollar.

Quelle:

https://www.finanzen100.de/finanznachrichten/wirtschaft/die-haelfte-liegt-in-europa-das-sind-die-29-reichsten-laender-der-erde_H982729261_259060/

....

B)

Liste der Länder nach **Bruttoinlandsprodukt** 2015:

Deutschland Platz 4

Liste der Länder nach Bruttoinlandsprodukt (PPP):

Deutschland Platz 5

Quelle:

https://de.wikipedia.org/wiki/Liste_der_L%C3%A4nder_nach_Bruttoinlandsprodukt

....

C)

Nach **Lebensqualität** (2016):

D auf Platz 4.

Quelle:

http://www.zeit.de/wirtschaft/2016-07/laenderranking-lebensqualitaet-deutschland-studie-vergleich

....

D) Die "**besten Länder** der Welt" (2016)

D auf Platz 6.

Quelle:

https://www.msn.com/de-de/reisen/nachrichten/das-sind-die-zehn-besten-und-schlechtesten-l%C3%A4nder-der-welt/ss-BBvqrRz#image=17

....

E) Nach **HDI** (2013)

Der Index der menschlichen Entwicklung (englisch Human Development Index, abgekürzt HDI) der Vereinten Nationen ist ein Wohlstandsindikator für Staaten.

D auf Platz 6.

Rang für 2013"

Quelle:

https://de.wikipedia.org/wiki/Index_der_menschlichen_Entwicklung

****

Das Fazit im Filmclip:

Hartz IV - Statement 11/2014 Mainz

...

Anschließend gab es Gelegenheit zu Fragen, Diskussionen und Ergänzungen, die auch ausgiebig in Anspruch genommen wurde.

In der anschließenden Pause konnten sich die Besucher*innen am **Büchertisch** über Literatur und Aktionen informieren, so zum Beispiel auch über "Sanktionsfrei e.V."

https://sanktionsfrei.de/

Bücherlinks:

Inge Hannemann
Die Hartz-IV-Diktatur
Eine Arbeitsvermittlerin klagt an

https://www.rowohlt.de/taschenbuch/inge-hannemann-die-hartz-iv-diktatur.html

Leseprobe:

https://www.rowohlt.de/fm/131/Hannemann_Die_Hartz-IV-Diktatur.pdf

* * * * * * *

Frank Jäger, Harald Thomé:
Leitfaden Alg II / Sozialhilfe von A-Z.
Standardwerk für Arbeitslosengeld II-Empfänger

http://www.dvs-buch.de/

* * * * * * *

Christoph Butterwegge
Hartz IV und die Folgen

Auf dem Weg in eine andere Republik?

http://www.beltz.de/produkt_produktdetails/15120-hartz_iv_und_die_folgen.html

* * * * * * *

Charlotte Mourner
Exotische Schlangen vor dem Sozialgericht:
Ein Hartz IV-Erfahrungsbericht

https://tinyurl.com/zmyvrft

Charlotte Mourner
Pastellmattschwarz:
Vom Rechtsbruch der Jobcenter (Hartz IV)

https://tinyurl.com/zfffx2e

* * * * * * *

Hartz 5 – Ein Hartz IV-Roman   *Peter Hetzler*

https://peter-hetzler.net/journalismus/hartz-5-ein-hartz-iv-roman/

* * * * * * *

Weitere Büchertipps zum Thema auch in dieser Facebook-Gruppe:

https://www.facebook.com/groups/858769440911858/

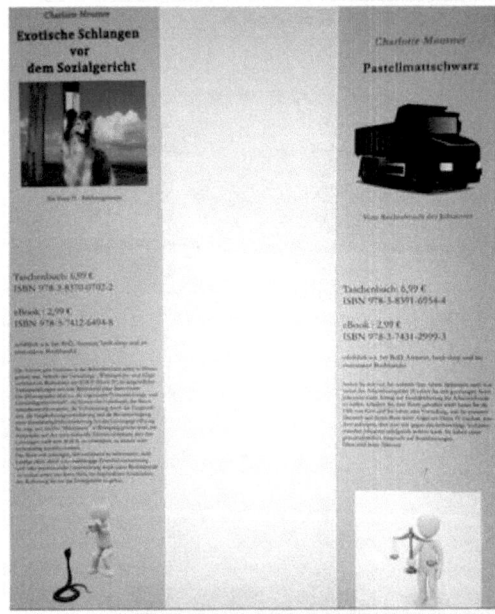

Unter den beiden folgenden Links finden sich Bezugsquellen für beide o.a. Bücher, aber auch weiterführende Links zu teilweise kostenlosen eBook-Varianten, Hörbuchumsetzungen, u.ä.:

http://handbuchwiderstandgegenhartzvier.blogspot.de/

http://kopfmahlen.blogspot.de/2014/03/horbuch-geringe-mitnahme-effekte.html

$$* \quad * \quad * \quad * \quad * \quad * \quad *$$

+ Dann verlese ich "Die 10 Gebote". :-)
(Zusammenfassende Punkte für den Widerstand.)

Diese stellen eine Zusammenfassung aus dem Handbuch Widerstand gegen Hartz IV dar und sind in der folgenden Übersicht abgebildet.

HARTZ IV

GEBOTE des Widerstandes!

I. Wahre Deine Rechte, verschenke nichts!

II. Prüfe vor der Antragstellung Dein Schonvermögen, zahle alte Schulden, lege an in langlebige Wirtschaftsgüter, ändere Deine Vorsorgeverträge.

III. Unterschreibe keine Aufhebungsverträge und gibt Deine Notlage schnellstmöglich bekannt.

IV. Nimm einen Beistand und alle Unterlagen mit und beachte die Fristen. Gibt die Unterlagen beweisbar in Kopie ab. Protokolliere alle Gespräche exakt, gebe notfalls Versicherungen an Eides Statt ab.

V. Kalter Zorn, statt blinde Wut! Beschwere Dich bei Gesprächen mit der Teamleitung, durch Petitionen, Widersprüche, Schreiben an Teamleitung, Fachbereichsleitung, Geschäftsführung, Regionaldirektion und Nürnberg, sowie durch Klage beim Sozialgericht. Nutze Beratungsstellen.

VI. Bei Maßnahmen und 1,- Euro-Jobs prüfe vor Ort die Einhaltung aller gesetzlichen Bestimmungen (WCs, Lizenzen für PCs, Platzbedarf, Sicherheit, usw). Melde die Mängel schriftlich (persönlich oder anonym) beim Fallmanager, GEZ, BG, VGB, usw.

VII. Leiste auch AKTIVEN Widerstand, zusammen oder mit Hilfe anderer Menschen. Es gibt Beratungsstellen, Verwandte, Freunde und (Vereins-)Bekannte, Exkolleg*innen, andere Betroffen (kennen lernen, ansprechen!), Verbündete im Internet, Pfarrer, Pastor, Imam, Arzt / Ärztin und einige mehr.

VIII. Gehe an die *Öffentlichkeit*.
Sei sorgsam und professionell dabei, lasse Dir ggf. von anderen Menschen dabei helfen. Leserbriefe / Mails an (über)regionale Zeitungen / Illustrierte, an (über)regionale Radio- und Fernsehstationen plus OK, Leserbriefe / Mails an Politiker*innen (regional/überregional), Bürger*innensprechstunden bei regionalen Politiker*innen, Internetseiten, -Gruppen & Foren (auch eigene) und youtube, Online-Petitionen, Mailaktionen allgemein, Teilnahme an Kundgebungen / Aktionen / Demos (auch selbst anmelden), flashmobs, Sitzstreiks, Flugblätter. All das sind Möglichkeiten! Überlege Dir gern weitere... :-)

IX. Bleibe Dir stets bewußt, dass Du ein Mensch mit gleichen Rechten, gleicher Würde und gleichem Wert bist, wie jeder Sachbearbeiter, Politiker und Gesetzgeber. Der Staat ist der Diener der Menschen. Nicht umgekehrt!

X. Tue es!

Ein Ausschnitt hieraus als Videoclip:

Gebote1

****

+ Abschließend stelle ich kurz konkrete, reale Widerstandsaktionen gegen Hartz IV beispielhaft vor.

Hier wurde insbesondere berichtet über:

* AufRecht bestehen (inkl. lokaler Kundgebung/en) -Bundesweit, gerichtet an Betroffene, MitarbeiterInnen der jobcenter und die Öffentlichkeit.

Hierzu gibt es an dieser Stelle weitere Informationen:

http://kopfmahlen.blogspot.de/2014/10/aufrecht-bestehen-gegen-hartz-iv.html

* Aufruf vorm Spiegel zu verweilen! -Bundesweit, gerichtet an die MitarbeiterInnen der jobcenter und die Öffentlichkeit.

Weiteres hier:

http://tombbloggt.blogspot.de/p/blog-page.html

Auch einen Clip gibt es dazu:

JOBCENTER: Aufruf vorm Spiegel ...

https://www.youtube.com/watch?v=rpmOhwPalRs

Spiegel

Aufruf vorm Spiegel zu verweilen!
FallmangerInnen, ArbeitsvermittlerInnen – KollegInnen!

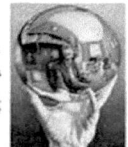

Einige von Euch werde ich mit meinen Worten nicht erreichen, zumindest nicht ihre Herzen ... (vielleicht aber doch ihren Verstand).
Einigen ist recht vieles egal, einige legen es sich so zurecht, dass Andere schuld sind, die Kunden, die Gesetze, die Chefs. ...
Einigen ist es wichtig, ihre Ruhe zu haben, ein gutes Auskommen, Versorgung für die Kinder, evtl. sogar noch ein kleiner beruflicher Aufstieg. Das kann man verstehen.

DOCH VIELEN IST ES NICHT EGAL.

Ich kann Euch hier nur Schlagworte liefern – doch sie sind belegt (s.u.).

- Bei UNGÜNSTIGSTER Rechnung haben wir für JEDE (!) offene Stelle ZWEI verfügbare und topmotivierte ALG II – BezieherInnen. WARUM konzentrieren wir uns auf die Kontrolle und Sanktionierung von (angeblich) Unwilligen?

- Ein ExistenzMINIMUM kann man schon vom Begriff her nicht mehr kürzen. Auf keinen Fall aber um 60% oder 100%. Das ist verfassungswidrig und unmenschlich, in einem reichen Land wie unserem allemal.

- Das handling von Fallzahlen, EGV's, Maßnahmezuweisungen, Sanktionsquoten, Bewerbungsnachweisen, u.a. hat schon lange das Urkonzept vollständig verraten und wird immer sinnloser und absurder.

Schon diese wenigen Beispiele reichen völlig aus, finde ich.

Aufruf vorm Spiegel zu verweilen!

Wir alle wissen, dass es stimmt, was oben beschrieben wird.
Wir alle stehen am Morgen vor dem Badezimmerspiegel.
Verweilt. Schaut Euch in die Augen.
Was kann ICH tun, um das zu geben, was ich ja auch selbst bekommen will?
Was kann ICH tun, um etwas mehr Würde, etwas mehr Gerechtigkeit, etwas mehr Menschlichkeit zurück zu bringen in die (Jobcenter-) Welt?
Vielleicht etwas ganz Großes. Kündigen, Klage einreichen, etwas in dieser Art.
Vielleicht etwas anderes. Im Alltag den MENSCHEN helfen. In Teamgesprächen diskutieren. In Foren im Internet mitreden. Leserbriefe schreiben. Mit Kollegen reden. Mit den örtlichen Hartz IV – Gruppen / Beratungsstellen Kontakt aufnehmen. Etwas noch ganz anderes, kreatives.

Und dann schaut wieder in den Spiegel. Ihr werdet schöner aussehen, stärker und stolzer – versprochen! Mein Wort darauf.

Unterstützt von / Unterstützend für:
Marcel Kallwass, Student an der Hochschule der BA (Bundesanstalt für Arbeit) Nun EXMATRIKULIERT!
Blog: **http://kritischerkommilitone.wordpress.com/**
Norbert Wiersbin, (Dipl.-Päd., Dozent und Ex - Fallmanager)
Blog: **http://norbertwiersbin.de/**
Inge Hannemann, z.Zt. suspendierte Jobcenter – Mitarbeiterin
Blog: **http://altonabloggt.wordpress.com/**

V.i.S.d.P.: Burkhard Tomm- Bub, M.A., 67063 Ludwigshafen. Mailto: ogma1@t-online.de
(Ex – Fallmanager)

BELEGE im Blog „tombbloggt": http://tombbloggt.blogspot.de/

---

* Petition gegen die Sanktionen bei Hartz IV.
-Bundesweit, gerichtet an den Gesetzgeber.

Unter diesem Link ausführliches dazu:

http://kopfmahlen.blogspot.de/2014/03/beschamend-und-emporend-frau-gabriele.html

* * * * * * *

Zusätzlich wurde noch beispielhaft eine **Demonstration in Berlin** erwähnt, bei der -virtuell, aber absolut sichtbar- 29 zusätzliche Personen teilnahmen.

BerlinPLUS29

Näheres dazu hier unter dem Titel:
#Blockupy #Berlin 2016 gegen #HartzIV und Rassismus

http://kopfmahlen.blogspot.de/2016/09/blockupy-berlin-2016-gegen-
hartziv-und.html

* * * * * * *

Anbei noch einige weitere **Fotos**, meinerseits copyrightfrei.
(Vergrößerung durch anklicken.)

MfG
Burkhard Tomm-Bub

TT2
2 Bld · ✪

Burkhard Tomm-Bub heute Abend mit einem tollen Vortrag zu Hartz IV. Respekt! Was Burkhard so alles macht und gemacht hat, ist einfach nur gut

* * * * * * *

Eingestellt von Burkhard Tomm-Bub, M.A. um 06:13

Reaktionen: Exakt! (1)   Tja schon… (0)   Nicht wirklich! (0)

   ✎   G+

Labels: ALGII, HartzIV, jobcenter, Sanktionen

1 Kommentar:

 Burkhard Tomm-Bub, M.A. 12. März 2017 um 21:36

Hier der Übertrag einer Rückmeldung auf facebook, mit wertvollen Ergänzungen:
****
"Loretta Moore: Hi Burkhard, vielen Dank für's Posten! So habe ich jetzt die Essentials aus Deinem Vortrag am Freitag auch mitbekommen, ohne mich teilen zu müssen. Zwei Ergänzungen noch: Bei den von der Existenz von HartzIV-Betroffenen würde ich unbedingt noch die KleinunternehmerInnen, FreiberuflerInnen, HandwerkerInnen und sonstige kleine Selbstständige dazu nehmen. Meist ohne soviel Einnahmen, dass davon große Rücklagen gebildet werden können und ohne Ansprüche auf ALO, wenn das Geschäft nicht mehr läuft, gehts bei uns närrich sofort auf HartzIV. Die Angst davor ist bei vielen ein stetiger Begleiter und führt dazu, auch Aufträge anzunehmen, die eigentlich unannehmbar sind. Die gesundheitlichen Auswirkungen, seelisch wie körperlich, der Dauerentwürdigung und stetiger Verohnmachtung sind auch noch ein wichtiges Thema nach meiner Einschätzung. HartzIV macht krank und/oder kann auch in eine Spirale der Aggression gegen andere Minderheiten führen, Entwürdigte neigen eher zur Entwürdigung anderer als solche, deren Würde geachtet wird. Soweit mal..."

Antworten Löschen

> Gib einen Kommentar ein...

 Kommentar schreiben als: Burkhard Tom ▾   Abmelden

Veröffentlich   Vorschau   ☐ Ich möchte Benachrichtigungen erhalten

Links zu diesem Post

Link erstellen

Neuerer Post   Startseite   Älterer Post

Abonnieren Kommentare zum Post (Atom)

Ma(h)lt sich in diesem Kopf die Welt

Malt sie sich, mahlt er sie in sich ...? =Der Blog für alles Andere. Auch für aktuelle "Hartz IV - Termine / Themen". Der ältere "BukTomBlog" war für Second Life - Themen gedacht, einer Welt in der virtual reality (VR), bzw. für die Darstellung deutschsprachiger kultureller /wohltätiger Aspekte dort. Alle anderen Themen sind nun hier. Alles, was sich ansonsten malt & mahlt.

Freitag, 12. Februar 2016

Bericht HartzIV Saarbruecken

BERICHT
Das neue Hartz-IV-Rechtsvereinfachungsgesetz
* Segen oder Fluch für Langzeitarbeitslose?

So war es angekündigt:

Vorsitzender
Manfred Klasen
Tel. 0681-9707041,
Diensthandy: 03120-2133972
E-Mail: manfred.klasen@gmx.de

Saarbrücken, 18.01.2016

Die Koordination Saarländischer Arbeitsloseninitiativen (KSA) lädt ein zur Info- und Diskussionsveranstaltung

Das neue Hartz-IV-Rechtsvereinfachungsgesetz
* Segen oder Fluch für Langzeitarbeitslose?

Donnerstag, 11.02.2016, 15 Uhr
Großer Saal der Arbeitskammer, Fritz-Dobisch-Str. 6-8, 66111 Saarbrücken

Referenten:

- **Oliver Reis**
  Bundesagentur für Arbeit, Fachbereich Leistung SGB II /
  Beteiligungsmanagement

- **Burkhard Tomm-Bub**
  Sozialarbeiter, Magister der Erziehungswissenschaft (NF Psychologie /
  Soziologie), Autor von Hartz-Ratgebern

Bei der anschließenden Diskussion nehmen weiter teil:

- **Hans Sander**
  Vorsitzender Erwerbslosenausschuss ver.di Rheinland-Pfalz/Saarland und
  Vorstandsmitglied Bundeserwerbslosenausschuss

- **Manfred Klasen**
  Moderation, Vorsitzender der KSA

Derzeit ist der erste Referentenentwurf zum sogenannten SGB-II-Rechtsvereinfachungsgesetz in der Diskussion. Erste Anhörungen fanden statt. Es stellt sich die Frage, was das Vereinfachungsgesetz im Einzelnen beinhaltet, welche Folgen es für Langzeitarbeitslose haben wird und wie wir den Meinungsbildungsprozess beeinflussen können. Die Veranstaltung versucht diese Fragen zu klären.

- *Zur besseren Planung bitten wir freundlich um Anmeldung! (Adresse oben)*

Hans Sander war dann leider doch verhindert, dafür aber erschien
Herr Reis von der BA mit "Verstärkung".
Aber. Das war nicht schlimm.
:-)

Manfred Klasen (Vorsitzender der KSA) führte souverän durch die Veranstaltung, die mit 23 Personen im Publikum und vier Akteuren auf dem Podium für ein (scheinbares) Rand- und Spezialthema gut besucht war.

Von Seiten der BA wurde zunächst die Entstehungsgeschichte des Änderungsgesetzes referiert und dann auf die m.E. wenigen Vorzüge für die "Kunden" hingewiesen.

Eine interessante Information war hier allerdings, dass die beabsichtigte finanzielle Verschlechterung hinsichtlich des Umganges mit getrennt lebenden Kindern in letzter Minute wohl doch wieder heraus genommen worden sei.
Nun solle eine gerechtere Regelung eingefügt werden. Das klingt löblich- wird aber sehr aufmerksam zu beobachten sein!

Eine weitere Information, die mich inhaltlich sehr verärgerte, war, dass die Regelungen hinsichtlich der Ausweitung des Ersatzanspruches bei "sozialwidrigem Verhalten" im erarbeitendem Gremium "konzertiert" beschlossen worden sei. Dies wurde mir auf Nachfrage auch nochmals ausdrücklich bestätigt.
D.h.: hier hat unter anderem der beteiligte Deutsche Verein mit zugestimmt.
Traurig! Wirklich.

Anschließend erhielt ich die Gelegenheit, meine Bewertung ausgewählter Punkte vorzutragen.

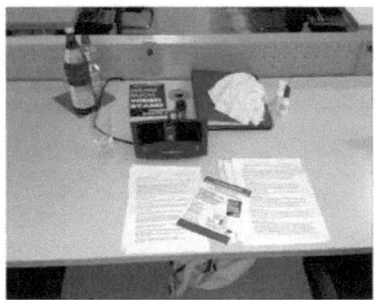

Die entsprechende Dokumentation füge ich am Ende dieses Artikels an.

RedebeitragSaarbrueckenHartzIV2...

Die Tonspur schon einmal hier:

In der folgenden angeregten **Diskussion mit dem Publikum** ergaben sich in meiner Wahrnehmung weitere wichtige Akzente.

+ Es wurde nochmals betont, dass 404,- Euro monatlich in einem reichem Land wie Deutschland ein Existenzminimum nicht wirklich abdecken. Bedenkt man, dass mit diesem Betrag Stromkosten, sämtlicher Lebensunterhalt, Rücklagen für Notlagen, Versicherungen, gesunde Ernährung und sämtliche sonstigen

Kosten abgedeckt werden sollen: ist dies auch unmittelbar einsichtig. Dieser Regelsatz ist falsch berechnet, zu niedrig berechnet und dies zudem anhand veralteter Zahlen. Zudem drohen stets Sanktionen, bei angeblichen oder tatsächlichen Fehlern, die man macht.

+ Die mangelnde Realitätsnähe der Gesetzgeber und aber auch vieler Sachbearbeiter*innen vor Ort wurde beklagt.
Zu Recht.
In diesem Zusammenhang wies ich u.a. auf meine Aktion "Jobcenter: Aufruf vorm Spiegel zu verweilen!" und auch auf die neue Initiative von Inge Hannemann und anderen hin, welche den Gesetzgeber unter Druck zu setzen versucht:
"#sanktionsfrei".

In meinem Abschluss-Statement wies ich nochmals darauf hin, dass es sehr wichtig ist, sich nicht spalten zu lassen. Ein Aufhetzen und eine Konfrontation zwischen Gruppen wie

Niedriglöhner*innen <---> ALG II - Leistungsberechtigten,
ALG II - Leistungsberechtigten <---> Flüchtlingen, etc.

ist absolut sinnfrei, unlogisch und kontraproduktiv!

Es ist genug für Alle da!
Der gemeinsame Gegner: sitzt anderswo!

Zur Ergänzung bliebe noch anzufügen, dass auch nach Ende des offiziellen Teiles noch interessante Gespräche statt fanden und auch die mitgebrachten Bücher fanden Interesse.

Einige von meinen wurden auch mitgenommen, einige von diesen wiederum auch bespendet, so dass die gesamte Unternehmung für mich auch kein zu großer finanzieller Verlust wurde.

MfG
Burkhard Tomm-Bub, M.A.
- Ex - Fallmanager im jobcenter -

Btw. gibt es zur Verbreitung des Widerstandsbuches auch eine
Verschenk - Aktion für Beratungsstellen, die vorerst bis zum Ablauf
des 15.02.2016 läuft. Dies ist der Link:

https://www.startnext.com/h4widerstandsbuch

ANHANG

Hier nun die Tafeln der Powerpoint-Präsentation, anschließend mein

Beitrag im Fließtext plus einiger Zusätze, die auch beim Vortrag angefügt wurden.

(Vergrößerung durch Anklicken.)

"Das Hartz IV - Rechtsvereinfachungsgesetz: Segen oder Fluch für Langzeitarbeitslose?"

Ein Fluch - und keineswegs nur für Langzeitarbeitslose! ("Denkkulisse" für den Niedriglohnbereich.)

Strukturelle Gründe

„Es gibt kein richtiges Leben im falschen!" (Theodor W. Adorno).

Das SGB II kann in seinem falschen Wesen nicht durch kleine Änderungen zu etwas Gutem gemacht werden.

Wechsel vom BSHG zum SGB II / Hartz IV (2005)

Ein **Paradigmenwechsel, zum Schlechteren** hin. Deutschland war bis Ende 2004 ein Sozialstaat. Armut / Bedürftigkeit begründeten einen Anspruch auf Hilfe. Das ist vorbei.

Vorerst gab es Sanktionen von 25 % - 30%. Das magere "nun Lebensunterhalt existenzsichernd" aber war garantiert. Auch das ist aber nun vorbei. Es gibt nun Kürzungen bis zu **einhundert** Prozent.

Zu Not, Hunger, Krankheit, Bedürftigkeit: MUSS man das aufgesagte "Mantra" kennen, eran sei arbeitswillig und "mitwirkungsbereit". Und das wird auch überprüft!

Deutschland liegt auf Platz 6 der wohlhabendsten Länder dieser Welt. Von etwa 200. Es wäre genug für ALLE da. Arbeit. Für Flüchtlinge, für Arme, für alle UND für eine **sanktionsfreie** Mindestsicherung.

ALG II = **Existenz - Minimum** → JEDE Sanktion unterschreitet dieses'

Ein weiterer Denkfehler und falscher Ansatz

Definitiv **arbeitslose** Menschen aktuell:

2.929.000 (Zwei Millionen neunhundertneunundzwanzigtausend Personen).

Gemeldete **Offene** Stellen:

588.844 (Fünfhundertachtzigtausend achthundertvierundvierzig).

 Verhältnis: 5:1

MAXIMAL (!) 20% Unwillige und "Faule". Es verbleibt: ein

Verhältnis von 4:1!

Die Aufgabe von Arbeitsagentur und Jobcentern sollte es sein, offene Stellen möglichst passend und nachhaltig (!) zu besetzen. Doch es werden Menschen überwacht und sanktioniert, die eventuell oder tatsächlich nicht "mitwirkungsbereit" sind. Uns bis zu 100%.

Kein gutes Geschäft. Im Gegenteil: Der Kontroll- und Überwachungsapparat und die Verwaltung KOSTEN! Dazu kommen viele und oft erfolgreiche Widersprüche und Klagen bei Gericht. Zugleich fehlen diese Ressourcen bei der eigentlichen Arbeit, der Beratung und Förderung.

Auch psychologisch ist dies ein alter Hut. Menschen, die selbst motiviert sind, oder sich motivieren lassen werden auch "funktionieren". Wer nicht - nicht! Das lässt sich nicht erzwingen. Die derzeitigen Zahlenverhältnisse werden sich nicht verbessern. Das ist vollkommen absehbar.

Konkreteres

Allgemein ist (beziehungsweise WÄRE) es zu begrüßen, wenn Abläufe vereinfacht und beschleunigt werden.

Im Jahre 2004 wurde dem Fallmanagement zugesagt, es würde sich um

 ,etwa **75 zu beratende Menschen"**

handeln, mit denen künftig zu arbeiten sei.

Aufgehört habe ich persönlich z.b. jedoch dann später mit **436** "Kunden". !

Ich gehe jedoch mit den großen Sozialverbänden, allen Selbsthilfegruppen Betroffener, mit Harald Thomé, Inge Hannemann und anderen Fachleuten konform, indem ich sage, dass wir keine wirklichen Vereinfachungen oder Beschleunigungen erwarten.

Dafür aber einige weitere Verschlechterungen und Verschärfungen

 Verschlechterungen und Verschärfungen

• Keine Rücknahme der **Ungleichbehandlung** von **unter 25jährigen** hinsichtlich der Sanktionen. Ein Verstoß gegen den Gleichbehandlungsgrundsatz.

• **Faktische Kürzung der Leistungen für Miete und Wohnen**

Die verpflichtende einzelfallbezogene **Heizkosten**prüfung soll zukünftig wegfallen können. Momentan müssen auch hohe Heizkosten übernommen werden, wenn diese begründet sind (z.B. wegen schlechter Wärmedämmung). Nun sollen die Kommunen Obergrenzen festlegen dürfen für die *Warmmiete*. Es ist jedoch unmöglich, einen "richtigen" bedarfsdeckenden Heizkostenbetrag festzusetzen. Reale Ausgaben für die Heizung differieren stark, je nach Haushaltszusammensetzung (Kleinkinder. Pflegebedürftige, chronisch Kranke), Lage der Wohnung im Gebäude, Beschaffenheit der Heizungsanlage / Isolierung. etc.

• Der Umgang mit **getrennt lebenden Kindern** wird **erschwert**

Die Leistungen für das Kind soll künftig nur noch der Elternteil erhalten, in dessen Haushalt es sich überwiegend aufhält. Der umgangsberechtigte Elternteil stünde in diesem Fall ganz ohne Leistungen für das Kind da. Dies kann in etlichen Fällen einen deutlichen finanziellen Einschnitt bedeuten.

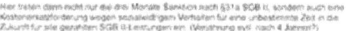

◆ Am wichtigsten ist aber vor allem folgende geplante Verschärfung

Die Ausweitung des **Ersatzanspruchs bei „sozialwidrigem" Verhalten**

Sozialwidrig bedeutet insbesondere eine

"Erhöhung, Aufrechterhaltung und nicht erfolgte Verringerung der Hilfebedürftigkeit"

durch die "Kunden" oder den "Kunden" Beispiele

- Personenbezogene Kündigung
- Verweigerung von KITA-Betreuung
- Unerlaubte Aufnahme einer Ausbildung statt „richtig zu arbeiten"

Hier treten dann nicht nur die drei Monate Sanktion nach §31a SGB II, sondern auch eine Kostenersatzforderung wegen sozialwidrigem Verhalten für eine unbestimmte Zeit in die Zukunft für alle gezahlten SGB II-Leistungen ein (Verjährung evtl. nach 4 Jahren?)

Diese Regelungen werden voraussichtlich regelmäßig gegen SGB II-Bezieher angesetzt werden. Fachleute sehen voraus, dass in wenigen Jahren jeder zweite ALG II - Leistungsberechtige von einer solchen "Verschuldung" betroffen sein wird (Thomé, H. et al. 2015)

. . .

Etliches bliebe noch zu sagen, etwa zum wahrlich kritischen Thema
Leiharbeit / Zeitarbeit, doch würde dies den Zeitrahmen sprengen.

So schließe ich nun mit einem weiteren Wort von Theodor W. Adorno:

"Man sollte stets so zu leben bemüht sein, wie man in einer befreiten Welt glaubt leben zu sollen,... die Existenzform vorwegzunehmen, die die eigentlich richtige wäre ...
Die wichtigste Form, die das heute hat, ist der **Widerstand** "!

Vielen Dank!

Burkhard Tomm-Bub, M.A.

SAARBRÜCKEN, den 11.02.2016

DER TEXT:

SAARBRÜCKEN, 11.02.2016

Sehr geehrte Damen und Herren,
liebe Kolleginnen und Kollegen.

Es freut mich, dass ich heute hier sein darf und auch einige Worte
zum Thema beitragen kann.

Angekündigt bin ich als Sozialarbeiter, als Magister und als Autor
von Hartz-Ratgebern.
Dies möchte ich aber kurz noch ein wenig ergänzen.
Ich habe seinerzeit unter dem alten BSHG (Bundes Sozial Hilfe
Gesetz) gearbeitet, in einem Sozialamt, als Sozialfachkraft.
Und danach habe ich dann ebenso mehrere Jahre in einem
jobcenter als Fallmanager gearbeitet, bis man mich dort, nun,
entfernte...
Wer hier Ähnlichkeiten zu Inge Hannemann sieht: der- braucht
vermutlich keine Brille! :-)
Der Unterschied ist lediglich der, dass Inge Hannemann anfangs
mutiger und entschlossener als ich selbst vorging. Wofür ihr hohe
Anerkennung gebührt, wie ich finde.

Doch nun zurück zum Thema.
Die Ausgangsfrage heute lautet:

"Das Hartz IV - Rechtsvereinfachungsgesetz: Segen oder Fluch für
Langzeitarbeitslose?"

Ich will es vorweg nehmen.

Dieses neue Gesetz IST ein Fluch - und dies keineswegs nur für die Langzeitarbeitslosen!
(Sondern, unter anderem, auch als "Drohkulisse" für Menschen im Niedriglohnbereich.)

Das hat zwei Gründe.

Der deutsche Philosoph Theodor W. Adorno hat einmal den Satz geprägt: *„Es gibt kein richtiges Leben im falschen!"*

Und so richtig wie dies ist, ist es auch richtig, dass ein SGB II, also das Sozialgesetzbuch Nummer zwei, NICHT in seinem falschen Wesen verbesserbar ist, durch ein paar kleine Änderungen und Variationen an der einen oder anderen Stelle. Dies selbst dann nicht, wenn diese tatsächlich vereinfachend und menschenfreundlich WÄREN. Was sie aber nicht sind.

Doch zuerst noch etwas zu den grundlegend falschen Ansätzen, die hier nicht aufgehoben, sondern verstärkt werden.

Mit dem Wechsel vom BSHG zum SGB II, also zum ALG II, zu Hartz IV fand Anfang 2005 in unserem Land etwas statt, was nicht etwa eine graduelle Verschlechterung für viele Bevölkerungsteile war.
Nein, es war ein kompletter **Paradigmenwechsel**, zum Schlechteren hin.
Worin bestand dieser?

Ganz einfach. Deutschland war bis Ende 2004 ein Sozialstaat.
Wer arm und bedürftig war: hatte DADURCH einen Anspruch auf Hilfe.
Das ist vorbei.

Auch im alten BSHG gab es Kürzungen und Sanktionen, bei mangelndem Wohlverhalten.
25 Prozent. In besonderen Fällen mal 30 %.
Dann war aber Schluss. Das "zum Lebensunterhalt unerlässliche" blieb einem, es war garantiert.
Das war wahrlich nicht viel, dies nur einmal nebenbei bemerkt.

Das alles ist aber nun vorbei.
Es gibt Kürzungen von 10%. Von 30%. Von 60%. Und von einhundert Prozent. Und danach: kommt nichts mehr, gar nichts.

Zu Not, Hunger, Krankheit, Bedürftigkeit - MUSS nun das aufgesagte "Mantra" kommen, man sei arbeitswillig und "mitwirkungsbereit".
Zumeist in Form sinnloser Rituale und letztlich lächerlicher "Rollenspiele" und es wird auch vom jobcenter regelmäßig geprüft und getestet, ob es einem denn da auch ernst ist, damit.
Das aber ist UNWÜRDIG.

Nur einmal zur Erinnerung: Deutschland liegt auf **Platz 6** der wohlhabendsten Länder dieser Welt. Von etwa **200**.

Es wäre genug für ALLE da. Absolut. Für Flüchtlinge, für Arme, für Alte UND für eine sanktionsfreie Mindestsicherung.

Das Arbeitslosengeld Zwei stellt das Existenz-Minimum dar. Das Minimum. Ein solches wird also bereits bei der ersten Sanktion des Regelsatzes um "nur" zehn Prozent unterschritten...

+ Dies also ist der erste und zudem unnötige Denkfehler im SGB II.

Es existiert ein weiterer, der aus der Praxis heraus ablesbar ist.

Dazu aber zunächst die aktuellen und bestätigten Zahlen (Arbeitsagentur / STATISTA).

Definitiv arbeitslose Menschen gibt es aktuell:
2.920.000 (Zwei Millionen neunhundertundzwanzigtausend Personen).

Gemeldete Offene Stellen gibt es:
580.844 (Fünfhundertachtzigtausend achthundertvierundvierzig).

Und ja, es gibt auch ungemeldete offene Stellen- aber: es gibt auch gemeldete, die nicht echt oder bereits besetzt sind.

Das ist jedenfalls ein Verhältnis von 5:1. Ja.
Der schwärzeste, misanthropischte Politiker von dem ich je hörte, schätze mal die Zahl der "Faulen und Unwilligen" auf 15%.
Sind wir "großzügig": 20%.
Es verbleibt: ein Verhältnis von 4:1!

Die Aufgabe von Arbeitsagentur und jobcentern sollte es sein, offene Stellen möglichst passend und nachhaltig (!) zu besetzen.

Doch was geschieht? Menschen werden überwacht und sanktioniert, die eventuell oder tatsächlich nicht "mitwirkungsbereit" sind.
Und diese werden dann um bis zu 100% sanktioniert.

SO ein gutes Geschäft ist das übrigens keineswegs! Im Gegenteil. Der Kontroll- und Überwachungsapparat KOSTET! Das Ganze muss auch verwaltet werden. Und: es gibt viele Widersprüche und Klagen bei Gericht. Und oft erfolgreich!
Zugleich fehlen diese Ressourcen bei der eigentlichen Arbeit, der Beratung und Förderung.

Auch psychologisch ist das Ganze ein alter Hut. Menschen, die selbst motiviert sind, oder sich motivieren lassen: werden auch "funktionieren".
Wer nicht - nicht! Das lässt sich nicht erzwingen.

Die derzeitigen Zahlenverhältnisse werden sich nicht verbessern. Das ist vollkommen absehbar.

Dies ist mithin ein zweiter, kapitaler Denkfehler und falscher Ansatz.

Doch ich berichte hier sehr viel allgemeine Dinge und muss konkreter werden.

Ganz allgemein ist (beziehungsweise: WÄRE) es zu begrüßen, wenn Abläufe vereinfacht und beschleunigt werden. Davon kann ich Ihnen, als ehemaliger Fallmanager nicht nur ein Liedchen, sondern mehrere Opernarien singen. Im Jahre 2004 wurde dem Fallmanagement zugesagt, es würde sich um "etwa 75 zu beratende Menschen" handeln, mit denen künftig zu arbeiten sei. -Aufgehört habe ich persönlich jedoch dann später mit: 436 "Kunden"...!

Ich gehe jedoch mit den großen Sozialverbänden, allen Selbsthilfegruppen von Betroffenen, mit Harald Thomè, Inge Hannemann und anderen Fachleuten konform, indem ich sage, dass wir keine wirklichen Vereinfachungen oder Beschleunigungen erwarten.

Dafür aber einige weitere Verschlechterungen und Verschärfungen. Hierzu einige Stichpunkte:

+ Es wird nun doch keine Rücknahme der **Ungleichbehandlung** von unter 25jährigen hinsichtlich der Sanktionen geben. Eine Ungleichbehandlung, die gesetzlich nicht zu rechtfertigen ist, Stichwort: Gleichbehandlungsgrundsatz.
Weitere kommende Nachteile sind:

+ Eine faktische Kürzung der Leistungen für Miete und Wohnen (Faktor Heizkosten)
Die gegenwärtig noch verpflichtend vorgegebene, einzelfallbezogene Prüfung der Heizkosten soll zukünftig wegfallen können. Zur Zeit müssen die Jobcenter auch hohe Heizkosten übernehmen, wenn diese begründet sind (z.B. wegen schlechter Wärmedämmung).
Statt dessen sollen nun aber künftig die Kommunen Obergrenzen festlegen dürfen, also für die angemessenen Wohnkosten bezogen auf die Gesamtsumme aus Miete und Heizung (**Warmmiete**). Es ist jedoch unmöglich, einen „richtigen" Geldbetrag für die Heizkosten für alle Fallgruppen festzusetzen, der die realen Kosten dann auch wirklich deckt. Denn die notwendigen Ausgaben für die Heizung differenzieren schließlich stark, je nachdem, wie sich ein Haushalt zusammensetzt (Kleinkinder, Pflegebedürftige, chronisch Kranke), wo die Wohnung innerhalb eines Gebäude liegt und wie Heizungsanlage und Isolierung beschaffen sind.

+ Der Umgang mit **getrennt lebenden Kindern** wird erschwert.

Die Leistungen für das Kind soll künftig nur noch der Elternteil erhalten, in dessen Haushalt sich das Kind überwiegend aufhält. Der umgangsberechtigte Elternteil stünde in diesem Fall ganz ohne Leistungen für das Kind da. Derartige Fälle sind heute so selten nicht und können je nach konkreter Umgangsregelung einen deutlichen finanziellen Einschnitt bedeuten. Hierzu muss man allerdings eben realisieren, dass wir dabei von Haushalten reden, die ohnehin finanziell am untersten Rand angesiedelt sind...!

Weitere Kritikpunkte lassen sich finden.

+ Am wichtigsten ist aber vor allem folgende geplante, gravierende Verschärfung:
Die **Ausweitung des Ersatzanspruchs bei „sozialwidrigem" Verhalten**.
Dies bedeutet insbesondere eine "Erhöhung, Aufrechterhaltung und nicht erfolgte Verringerung der Hilfebedürftigkeit" durch die "Kundin" oder den "Kunden".
Derlei liegt beispielsweise dann vor, wenn jemandem aus personenbezogenen Gründen sein Arbeitsverhältnis gekündigt wird. Hier gibt es dann nicht nur die drei Monate Sanktion nach §31a SGB II, sondern auch eine Kostenersatzforderung wegen sozialwidrigem Verhalten für eine unbestimmte Zeit in die Zukunft für alle gezahlten SGB II-Leistungen. Dasselbe trifft zu, wenn jemand sich weigert, sein Kind in einer Kita gegen seinen Willen betreuen zu lassen, oder es favorisiert, eine wirtschaftlich tragfähige Ausbildung aufzunehmen, anstatt unmittelbar „arbeiten" zu gehen. Diese Regelungen werden massive Folgen haben, und voraussichtlich regelmäßig gegen SGB II-Bezieher eingesetzt werden. Fachleute sehen hier voraus, dass in wenigen Jahren jeder zweite ALG II - Bezieher von einer solchen "Verschuldung" betroffen sein wird. (Thomè, H., et al., 2015).

Etliches bliebe noch zu sagen, zum Beispiel zum wahrlich kritischen Thema **Leiharbeit / Zeitarbeit**, gleichwohl kann heute leider nicht zu jedem wichtigen Punkt etwas gesagt werden.

So schließe ich jetzt mit einem weiteren Wort von Theodor W. Adorno:

*"Man sollte stets so zu leben bemüht sein, wie man in einer befreiten Welt glaubt leben zu sollen, gleichsam durch die Form der eigenen Existenz, mit all den unvermeidbaren Widersprüchen und Konflikten, die das nach sich zieht, versuchen, die Existenzform vorwegzunehmen, die die eigentlich richtige wäre. [...] Die wichtigste Form, die das heute hat, ist der **Widerstand**."!*

Vielen Dank!

Burkhard Tomm-Bub, M.A.

SAARBRÜCKEN, den 11.02.2016

Als **zusätzliche kritische Punkte** wurden folgende Bereiche genannt (Stichworte):

+ Streichung der **Werbungskostenpauschale**.

+ **Ausschluss** der **Studierende** an Hochschulen, die **außerhalb** des Elternhauses wohnen von existenzsichernden SGB-II-Leistungen.

+ Die Handhabung von **Nothilfedarlehen** der **Wohlfahrtsverbände** wird durch die geplanten Neuregelungen deutlich beeinträchtigt.

+ Verschlechterungen hinsichtlich des **Erwerbstätigenfreibetrages** bei vorläufigen Bescheiden des jobcenters.

+ Verschlechterungen hinsichtlich der **Mutterschaftsleistungen**, da in der Schutzfrist fiktiv angenommen wird, dass den Müttern ihr vormaliges Erwerbseinkommen weiter zufließt. Dies kann zu Bedarfsunterdeckungen führen, da nicht für alle Mütter gesichert ist, dass sie in der Schutzfrist über ein gleich hohes Einkommen wie zuvor verfügen.

+ Begrenzung **Nachzahlungen**
Der Zeitraum, für den Jobcenter Leistungen für die Vergangenheit nachzahlen müssen, soll abermals begrenzt werden.

+ **Einmaleinkommen** (nur noch Dahrlehensanspruch bei vorzeitigem Verbrauch).

* * * * * *

"Foto-Nachschlag":

* * *

Eingestellt von Burkhard Tomm-Bub, M.A. um 12:25

Reaktionen   Exakt! (1)   Tja schon... (0)   Nicht wirklich! (0)

Labels: Hartz IV, Rechtsvereinfachungsgesetz, Saarbrücken

Kommentare:

Eine gute und strukturierte Zusammenfassung (das habe ich auch nicht anders erwartet ;))
Nur eines wundert mich ein wenig, nämlich Deine Verwunderung darüber, dass der sog. "Deutsche Verein" auch diese neu angedachte Verschärfung mit trägt.
Leider finde ich die Seite, auf der explizit aufgezählt wird, wer im Vorstand und im Gremium ist, nicht mehr.
Aber:Der Verein finanziert sich fast ausschließlich aus Mitteln des Bundesfamilienministeriums.
Da war doch noch etwas mit "Brot essen und Lied singen"...
Zudem ist der DV verantwortlich für weiter zurück liegende Verschlechterungen für Leistungsberechtigte, siehe Krankenkostzulagen, Zitat ->
Die Kosten für eine gesunde Ernährung seien mit dem normalen Regelsatz zu decken, "wenn äußerst sparsam gewirtschaftet wird.
oder
Regelleistung, Zitat ->
In seinem Urteil vom 9. Februar 2010, mit dem das Bundesverfassungsgericht die Höhe der Regelsätze des Arbeitslosengeld II ("Hartz IV") teilweise für verfassungswidrig erklärt hat, wird der Verein wiederholt zitiert. Die Ermittlung dieser Regelsätze beruhte maßgeblich auf Erhebungen und Berechnungen des Vereins.Dennoch hatte der Verein ausweislich des Urteils nichts daran auszusetzen, dass maßgebliche Teile der Regelsätze und insbesondere jener für Kinder gerade ohne Berücksichtigung oder gar unter Missachtung der Ergebnisse der Erhebungen und Berechnungen des Vereins festgesetzt worden waren.

Ellen 12. Februar 2016 um 20:14

Antworten Löschen

Burkhard Tomm-Bub, M.A. 13. Februar 2016 um 05:52

Guten Tag Ellen,
Dank für die freundlichen Worte.
Zum DV. Dieser hatte sich in der Vergangenheit schon relativ kritisch zu den Sanktionen allgemein geäußert.
Weiters wird seine Zusammensetzung so beschrieben:
"... Der Deutsche Verein hat über 2.500 Mitglieder. Hierzu gehören Landkreise, Städte und Gemeinden sowie deren Spitzenverbände und die Spitzenverbände der Freien Wohlfahrtspflege ebenso wie Bundesministerien und - behörden, Länderverwaltungen, überörtliche Träger der Sozialhilfe, Universitäten und Fachhochschulen, Vereine, soziale Einrichtungen, Ausbildungsstätten, Einzelpersonen und Unternehmen der Sozialwirtschaft. ..." (wiki)
Da sind nun doch so einige Protagonisten dabei, denen ich eigentlich etwas mehr zutrauen würde. Also z.b. die Spitzenverbände der Freien Wohlfahrtspflege, Universitäten und Fachhochschulen, Vereine und soziale Einrichtungen.
Daher also meine Verärgerung darüber, dass hier selbst dieser IMHO besonders gravierende Punkt einfach so durchgewunken wurde.
MfG
BTB

Antworten Löschen

Anonym 3. März 2016 um 10:06

Ich mache mir Sorgen wegen dem Punkt des Ersatzanspruchs wegen "sozialwidrigem" Verhaltens. Dies könnte unter anderem hauptsächlich Familien mit Kindern treffen. Wen irgendwas mit den Kindern ist oder man nur zu bestimmten Zeiten kann wegen Kindergarten Beginn bzw Ende, Schulferien etc. Wenn man keinen hat, wo mal einspringen kann bei der Kinderbetreuung.

Antworten Löschen

Burkhard Tomm-Bub, M.A. 3. März 2016 um 11:16

Guten Tag Anonym 3. März 2016 um 10:06,

ja, genau, das ist dann eine der Risiken!
Und eine solche Sanktionierung würde Menschen mit Kindern dann auch doppelt hart treffen...!

Wir werde sehen, was kommt.
Es gilt in jedem Falle, besonders sorgsam zu handeln, Begleiter zum jobcenter mitzunehmen und stets alles schriftlich zu belegen.

Zeit für Widerstand!

http://handbuchwiderstandgegenhartzvier.blogspot.de/

MfG
BTB

Antworten Löschen

tarife 29. April 2016 um 16:46

Großes Risiko

Antworten Löschen

Ma(h)lt sich in diesem Kopf die Welt

Malt sie sich, mahlt er sie in sich…? =Der Blog für alles Andere. Auch für aktuelle "Hartz IV - Termine / Themen". Der ältere "BukTomBlog" war für Second Life - Themen gedacht, einer Welt in der virtual reality (VR), bzw. für die Darstellung deutschsprachiger kultureller /wohltätiger Aspekte dort. Alle anderen Themen sind nun hier. Alles, was sich ansonsten malt & mahlt.

Freitag, 5. Dezember 2014

Antwort an Frau Andrea Nahles von einem Ex-Fallmanager (wg. Todesfall)

Antwort an Frau Andrea Nahles von einem Ex-Fallmanager (wg. Todesfall)

(Foto: Collage, privat - wikipedia 04.12.2014)

Frau Andrea Nahles zuständig und damit verantwortlich unter anderem für die aktuell geltenden Gesetze im Bereich ALG II ("Hartz IV"), also für das Sozialgesetzbuch Zwei (SGB II) drückte ab 03.12.2014 ihr Bedauern und ihr Beleid angesichts eines Todesfalles in einem jobcenter aus.

Berichte u.a. hier:

http://www.bild.de/news/inland/bundesagentur-fuer-arbeit/messer-attacke-jobcenter-38823362.bild.html

oder hier:

http://www.badische-zeitung.de/panorama/gutachter-im-jobcenter-erstochen–95794258.html

und auch hier:

https://www.nwzonline.de/blaulicht/toedliche-attacke-im-jobcenter-gutachter-stirbt_a_21,0,264060696.html

Meine Antwort darauf ist diese:

Guten Tag, Frau Nahles.

Zunächst einmal verurteile und bedauere ich diese Tat ebenfalls sehr. Und auch ich spreche hier gern mein Beileid aus! Diese Aussagen stehen so im Raum, haben und behalten ihre Gültigkeit.

In etlichen Kommentaren zu Ihren Verlautbarungen finden sich aber (auch) viele kritische Stimmen zum System Hartz IV. Absolut zu Recht.
Und dies sage ich nicht als betroffener ALG II - Empfänger - dies sage ich als ehemaliger qualifizierter Fallmanager in einem jobcenter. Ich bin Staatlich anerkannter Erzieher, Diplom - Sozialarbeiter (FH), sowie Magister Artium der Erziehungswissenschaft (Nebenfächer Psychologie und Soziologie). Außerdem bin ich ehrenamtlicher Suchtkrankenhelfer und habe einen Interessensschwerpunkt im Interkulturellen Bereich (gehöre aber keiner Kirche, Sekte noch Partei an).

Nach einigen Jahren als Sozialfachkraft im Sozialamt war ich von Anfang an dabei, ab 2005. Anfang 2010 erkrankte ich an Krebs und versuchte nach 16 Monaten Behandlung den Wiedereinstieg. Innerhalb von 5 Monaten bosste mich die neue Führung im jobcenter hinaus, zurück zum "entsendenden Arbeitgeber", einer Stadtverwaltung.
Offiziell wurde angezweifelt, ich könne evtl. nicht mehr die "durchschnittlich erfoderliche Leistung erbringen". Das mag sein - hat aber nichts mit mir zu tun - sondern es gilt für alle Mitarbeiter_innen. Ursprünglich waren versprochen "ca. 75 Fälle" (und das steht auch heute noch im Konzept ...).
Mein Spitzenwert lag bei 436 zu betreuenden, "begleitenden" Menschen.
Und SOO besonders war das bei uns nicht.
Ein Nachweis wurde niemals erbracht - dennoch musste ich "freiwillig" gehen.
Seit 2012 also war ich zurück beim "entsendenden Arbeitgeber" ... erwähnen muss ich noch: ich bin KEIN Beamter, unterliege also seit Mai 2005 (TVöD - Einführung) keiner besonders erhöhten Loyalitätspflicht mehr.
Ich war im jobcenter ein engagierter, kreativer Mitarbeiter - aber auch einer, der Sanktionen grundsätzlich für das hielt, was sie sind: sinnlos, unlogisch, ineffektiv und nicht human. Zusammen mit zwei anderen Kollegen hatte ich in den ersten Jahren eine interne Petition für bessere Arbeitsbedingungen zugunsten Aller gestartet. Gut 2/3 der Kolleg_innen unterschrieben.
Eine Zeitlang war dies dann im Gespräch, wurde offiziell zur Kenntnis genommen ... und versandete dann.
... ob dies wohl mit ein Grund war, mich nach meiner schweren Krankheit zu entfernen? Behaupten ... darf ich es nicht. Denn so etwas ist ja unbeweisbar.
Im privaten Bereich setzte ich ab 2012 meine Kritik an Hartz IV fort und stellte mich inhaltlich auch eindeutig an die Seite von Inge Hannemann.

Stets achtete ich darauf, keine Namen und Orte zu nennen und immer als reine Privatperson zu agieren, in dem Sinne, dass ich meinen AKTUELLEN Arbeitgeber in KEINER Weise kritisierte, oder darauf hinwies, wo ich denn nun konkret arbeite.
All` dies nutzte mir nichts.
Ich bin 57 Jahre alt. Anerkannter Schwerbehinderter. 22 Jahre lang durchgehend vollzeit im Öffentlichen Dienst beschäftigt und gut und vielseitig qualifiziert. Gem übernahm ich zusätzliche Ehrenämter, wie Sicherheitsbeauftragter, Wahlhelfer, Ordnungs- und Löschdienst, etc. Und nie gab es eine Missbilligung oder gar Abmahnung.

Am 17.11.2014 wurde ich zum Obersten Personaler meines jetzigen Arbeitgebers gerufen. Ich erhielt ein kurzes Schreiben. Danach musste ich in Begleitung in mein Büro gehen, durfte auf Nachfrage noch schnell meine Sachen zusammen packen und musste dann meine Schlüssel und meinen Zeitchip abgeben. Ich war mit "sofortiger Wirkung freigestellt" und mit blitzenden Augen verkündete man mir, wenn nur irgend möglich, werde man mir kündigen!
Drei Dinge wurden mir - ERSTMALS - mündlich in Vorhalt gebracht (mein direkter Vorgesetzte, der Abteilungsleiter, wusste davon übrigens nichts!):

a) Ich habe in einem meiner Blogs (in dem ich für eine genehmigte Nebentätigkeit - Suchtkrankenhilfe - werbe) trotz Aufforderung nicht geändert, dass ich bei der Stadtverwaltung "XY" arbeite. Das ist definitiv falsch und der schriftliche Gegenbeweis liegt vor.

b) Ich habe eine Kritik an eine Ortsvorsteherin gesandt, als Reaktion auf die Werbung für ein Stadtteilfest, die alle Mitarbeiter_innen erhielten. Das ist richtig. Rechtschreibfehler, fehlende Genderung und ein wirklich nicht gelungenes Foto (menschenleer) fand ich nicht optimal, auch hinsichtlich der Außenwirkung. Ich hatte dies durchaus neutral formuliert und habe diese konstruktive Mitarbeit gern geleistet.

Und schließlich - und damit kommen wir m. E. zum Punkt:

c) Ich habe eine regionale, angemeldete und genehmigte **Hartz IV - kritische Kundgebung** durchgeführt. Das sei zwar mein Recht.

Aber zum Teil sei auch meine Unterhose mit Superman - Aufdruck zu sehen gewesen. Und ich habe das sogar in einem anderen Blog von mir dokumentiert.

Dadurch habe ich den Ruf der Stadtverwaltung "XY" in unzulässiger Weise geschädigt.

Der Vorhalt ist inhaltlich richtig. Ich bin privat u.a. auch Performer und das ist auch belegbar und nachweisbar. Dabei kommen diverse Kunstformen zum Einsatz, u.a. trat ich einmal mit gut 80 umgehängten Krawatten auf (zugunsten Organisationen im Bereich Emanzipation / Feminismus).

Unter der Unterhose trug ich, nebenbei bemerkt, noch eine weitere und dies bildete auch nicht den Hauptteil der Veranstaltung.

Nie und mit keinem Wort kritisierte ich meinen AKTUELLEN Arbeitgeber. Nie und mit keinem Wort erwähnte ich, wo und für wen ich aktuell arbeite.

Als ich noch im jobcenter arbeitete, geschah dies auf Grundlage des SGB II, ich erfüllte Bundesaufgaben.

Der Vorwurf ist also m.E. falsch.

Dennoch droht mir, als 57jährigem Schwerbehinderten, die Arbeitslosigkeit - und einige Zeit darauf auch Hartz IV.

Dass ich eine andere Arbeit finden könnte: ein lächerlicher Gedanke.

Für die Rente hingegen bin ich noch so einige Jahre zu jung.

Ich habe dies jetzt einmal in epischer Breite geschildert, um zu zeigen, wie selbst mit den "eigenen Leuten" umgegangen wird.

Ich stimme nicht mit jedem hasserfüllten Schimpfwort überein, das verzweifelte ALG II - Empfängerinnen ins Internet hineinrufen.

Und es gibt auch einige, wenige Kritikpunkte, die man noch ein zweites Mal prüfen sollte.

Aber insgesamt gesehen ist die Kritik absolut berechtigt!

Allein das System der Sanktionen ist unwürdig, unethisch - und auch vollkommen nutzlos!

Falsche interne und externe Anreize, groteske EDV, Geschenke an Massnahmeträger und die Wirtschaft / Firmen, etc. pp. - runden das negative Gesamtbild ab.

Nein, es sind KEINE neuen Sicherheitstruppen, Alarmsysteme und Schutzmauern notwendig. Absolut nicht!

Nötig sind genügend qualifizierte und motivierte Mitarbeiter_innen in den jobcentern, denen nicht suggeriert wird, die Senkung der "passiven Leistungen" (und damit indirekt auch die Sanktionsquote) sei das Goldene Kalb. Und nötig sind Mitarbeiter_innen die über das Instrument der Sanktion NICHT verfügen und demzufolge auch nicht unter dem massiven Druck stehen, es anzuwenden.

Die Quote der "Zwischenfälle" würde schlagartig um mehr als 90% sinken. Unter aller Garantie.

Ja ... - aber belohnt man denn da nicht die Faulen und Unwilligen?

Nein!

Näheres dazu ersehen Sie - bei Interesse - hier:

http://kopfmahlen.blogspot.de/2013/12/streichung-der-sanktionen-im-hartz-iv.html

MfG
Burkhard Tomm-Bub, M.A.
Ex - Fallmanager

P.S. / update:
Diesem Offenen Brief zum Thema schließe ich mich vollinhaltlich an!
http://www.ahnenforschung-ellguth.de/wordpress/offener-brief-an-die-bundesregierung-zur-situation-von-erwerbslosen/

Eingestellt von Burkhard Tomm-Bub, M A um 01:58

Reaktionen: Exakt! (2)   Tja schon... (0)   Nicht wirklich! (0)

tombbloggt

Das System ALG II / Hartz IV
ist auf eine traurige und ethisch
sehr bedenkliche Weise gescheitert!

(B. Tomm-Bub, M.A.)
-Fallmanager 2005-2011-

Nach:
Art. 5 (1),
GG !

Sie lesen hier: meine Meinung!

HARTZ IV

GEBOTE des Widerstandes!

I. Wahre Deine Rechte, verschenke nichts!

II. Prüfe vor der Antragstellung Dein Schonvermögen, zahle alte Schulden, lege an in langlebige Wirtschaftsgüter, ändere Deine Vorsorgeverträge.

III. Unterschreibe keine Aufhebungsverträge und gibt Deine Notlage schnellstmöglich bekannt.

IV. Nimm einen Beistand und alle Unterlagen mit und beachte die Fristen. Gibt die Unterlagen beweisbar in Kopie ab. Protokolliere alle Gespräche exakt, gebe notfalls Versicherungen an Eides Statt ab.

V. Kalter Zorn, statt blinde Wut! Beschwere Dich bei Gesprächen mit der Teamleitung, durch Petitionen, Widersprüche, Schreiben an Teamleitung, Fachbereichsleitung, Geschäftsführung, Regionaldirektion und Nürnberg, sowie durch Klage beim Sozialgericht. Nutze Beratungsstellen.

VI. Bei Maßnahmen und 1,- Euro-Jobs prüfe vor Ort die Einhaltung aller gesetzlichen Bestimmungen (WCs, Lizenzen für PCs, Platzbedarf, Sicherheit, usw.). Melde die Mängel schriftlich (persönlich oder anonym) beim Fallmanager, GEZ, BG, VGB, usw.

VII. Leiste auch AKTIVEN Widerstand, zusammen oder mit Hilfe anderer Menschen. Es gibt Beratungsstellen, Verwandte, Freunde und (Vereins-)Bekannte, Exkolleg*innen, andere Betroffen (kennen lernen, ansprechen!), Verbündete im Internet, Pfarrer, Pastor, Imam, Arzt / Ärztin und einige mehr.

VIII. Gehe an die *Öffentlichkeit*.
Sei sorgsam und professionell dabei, lasse Dir ggf. von anderen Menschen dabei helfen. Leserbriefe / Mails an (über)regionale Zeitungen / Illustrierte, an (über)regionale Radio- und Fernsehstationen plus OK, Leserbriefe / Mails an PolitikerInnen (regional/überregional), BürgerInnensprechstunden bei regionalen PolitikerInnen, Internetseiten, -Gruppen & Foren (auch eigene) und youtube, Online-Petitionen, Mailaktionen allgemein, Teilnahme an Kundgebungen / Aktionen / Demos (auch selbst anmelden), flashmobs, Sitzstreiks, Flugblätter. All das sind Möglichkeiten! Überlege Dir gern weitere... :-)

IX. Bleibe Dir stets bewußt, dass Du ein Mensch mit gleichen Rechten, gleicher Würde und gleichem Wert bist, wie jeder Sachbearbeiter, Politiker und Gesetzgeber. Der Staat ist der Diener der Menschen. Nicht umgekehrt!

X. Tue es!

Ostbeauftragte der Bundesregierung

Christian Hirte sagt: „Ich wüsste kein idealeres System als Hartz IV"

ICH SCHON!

Keine Sanktionen (10-100%) mehr!
Keine sinnlosen Maßnahmen mehr!
Keine unwürdige Behandlung mehr!   Etc.!

Demonstration gegen die AFD in Berlin City West

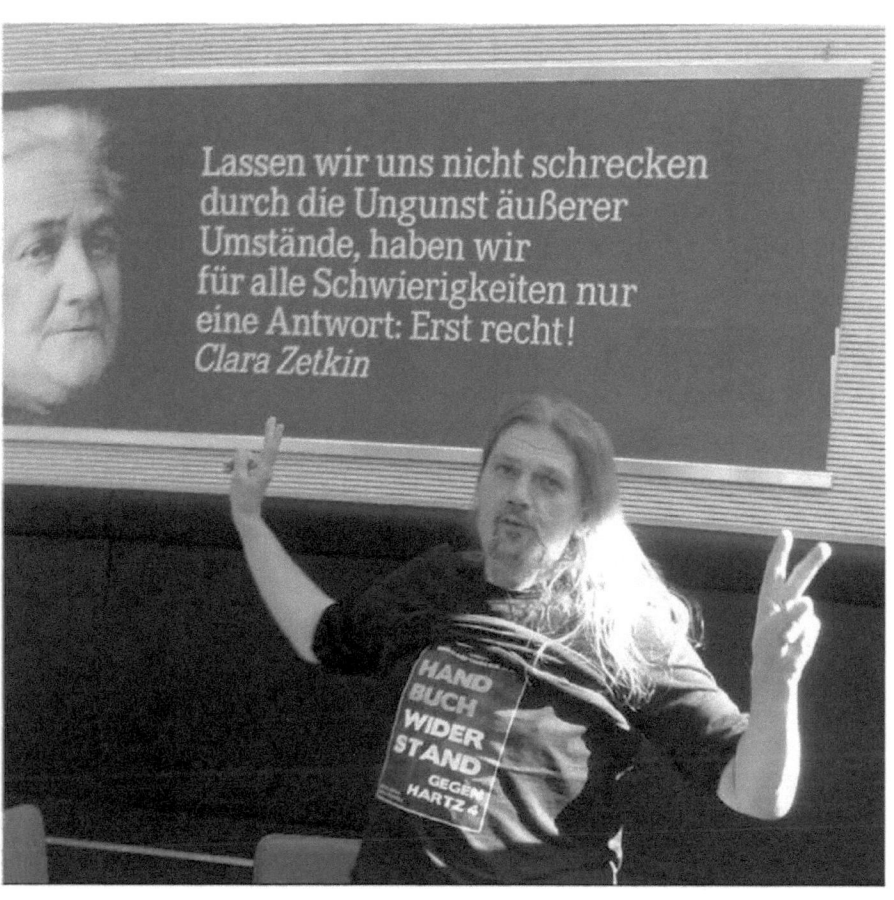

Burkhard Tomm-Bub, M. A.
Ex-Fallmanager im jobcenter
und Hartz IV-Gegner

Simone Lange
SPD-Mitglied und
dennoch Sozialdemokratin
KANDIDATIN FÜR DAS AMT DER
SPD-BUNDESVORSITZENDEN

IMPRESSUM:
Autor auch dieses Buches:
Burkhard Tomm-Bub, M.A.
67063 Ludwigshafen
Jakob-Binder-Strasse 22
Mail: ogma1@t-online.de

ISBN   9783748120575

9 783748 120575

Verlag / Druck:
Books on Demand GmbH
In de Tarpen 42
22848 Norderstedt
Deutschland